ऑफ़िशियली पतनशील

ऑफ़िशियली पतनशील

नीलिमा चौहान

वाणी प्रकाशन

वाणी प्रकाशन
4695, 21-ए, दरियागंज, नयी दिल्ली 110 002
फ़ोन : +91 11 23273167 फ़ैक्स : +91 11 23275710

शाखाएँ
अशोक राजपथ, पटना 800 004, बिहार
कॉफ़ी हाउस कैम्पस, महात्मा गांधी मार्ग, इलाहाबाद 211 001, उत्तर प्रदेश
महात्मा गांधी अन्तरराष्ट्रीय हिन्दी विश्वविद्यालय, वर्धा 442 001, महाराष्ट्र

www.vaniprakashan.in
marketing@vaniprakashan.in
sales@vaniprakashan.in

OFFICIALLY PATANSHEEL
by Neelima Chauhan

ISBN : 978-93-89012-08-8
Non-fiction/Feminism/Humor

प्रथम संस्करण 2019

आवरण व रेखांकन : अपराजिता शर्मा
कैलिग्राफ़ी : भास्कर कर्ण

मूल्य : ₹ 299

यश प्रिंटोग्राफ़िक्स, नोएडा-201 301 (उ.प्र.) में मुद्रित

वाणी प्रकाशन का लोगो मक़बूल फ़िदा हुसेन की कूची से

पापा
और
प्रभव के लिए

अनुक्रम

पेशलफ़्ज़

पतनशीलता के दो साल के इस सफ़र में एक बार फिर आपसे मुख़ातिब हूँ। यक़ीनन, जीने के इस निजी फ़लसफ़े और ज़ाती सफ़र को क़लमबन्द करने के ख़तरों के इनाम स्वरूप कई हमख़याल और हमराह मिले। इस हौसलाअफ़जाई से यह यक़ीन पुख़्ता होने लगा कि दुनिया को जस का तस बनाये रखने की साज़िश की पर्देदारी के दिन अब लदने को हैं। पतनशील हमक़दम जमात ने पाया कि दुनिया की बेहतरी के ख़याल भर से भी चन्द बुतपरस्त खौफ़जदा हुए। उनकी अन्दरूनी सुगबुगाहटों से आपसी नज़दीकियाँ और सरगर्मियाँ बढ़ीं। यूँ कि हम जानते हैं कि किताबें दुनिया नहीं बदलतीं, दुनिया बदले जाने की चाहत पैदा करती हैं। इस पतनशील चाहत की चेन रिएक्शन को अंजाम देना तूफ़ानों को पैग़ाम भेजना हो गया। मैं नाचीज़ यक़ीन करती हूँ कि अगर चन्द औरतों की पतनशीलता के ऐलानिया तेवर ने उन अन्धड़ों को गोलबन्दी का मौक़ा गलती से भी दे दिया है तो ऐसी गलतियाँ आप सबकी तरफ़ से बार–बार करने को मैं अपनी क़लम की ख़ुशकिस्मती समझूँगी।

थिंकिंग अलाउड यानी सस्वर सोचना है पतनशीलता को दर्ज़ करना। औरत जब अपने नज़रियात से दुनिया को, दुनिया के स्पेसिज़ को, रिश्तों को, रवायात को, क़ायदा ओ क़ानून को देखती है तो दुनिया उसे वैसी नहीं दिखाई दे सकती जैसा कि जमात का वहम

है कि उसे दिखती होगी। जमे–जमाये ढाँचे चाहे वे शादी के हों या कामकाजी दुनिया के; सबकी तह में हम औरतों के अकथ अफ़साने हालात ए हाइबरनेशन में मौजूद होते हैं। उन्हीं तहों में करीने से लिपटे सपनों, अनकही असहजताओं, नाक़ाबिलेग़ौर हमारी कुव्वतों, बुझाये गये हमारे यक़ीनों को सतह पर आने को उकसाने का तेवर है पतनशीलता। कहन के हुनर से काम लेते हुए दुनिया के हरेक ढाँचे की बदसूरती के इलाज की पहल है ये तेवर।

कामकाजी स्त्रियों की नज़र से दफ़्तरों, कामकाज के पब्लिक स्पेसिज़ और पेशेवराना रिश्तों की दोस्ताना तहक़ीक़ात कभी न कभी तो होनी तय थी ही। आपके नज़रिये से नहीं। चालू और उपलब्ध नज़रिये से भी नहीं। ख़ुद के नज़रिये से। ख़ालिस पतनशील नज़रिये से। सोचती हूँ कि कब तक बचा जाता पेशेवर औरतों की लम्बी–चौड़ी जमात की भागीदारिता की दुश्वारियों पर बुलन्दगी से बोलती औरत से। बराबरी के पाये पर अपनी दावेदारी करती औरत से। देह और जज़्बात, घर और बाहर, ख़ुदपरस्ती और ज़िम्मेदारियों के पसोपेश से ऊपर उठती औरत से। सदियों की कंडीशनिंग से काम लेते हमारे पब्लिक ढाँचों में अपनी जगह, हैसियत और मकाम के लिए जिरह करती औरत से। अबतक अनकहे, अनचाहे, अनसुलझे, अनचीन्हे सवालात से लैस नयी ख़ुशअन्दाज़ औरत के सस्वर सोचने से।

नयी औरत नया गद्य

पतनशीलता दुनिया भर में मज़बूत आहटें कर रहे 'फनी फेमेनिज़्म' के लिए ईजाद किया गया पर्याय है। फेमेनिज़्म पर फनी की यह कोटिंग इसलिए कि कड़वे और क्रूर सच के साथ हर तरह के पाठक वर्ग तक पहुँचना फेमेनिस्ट लेखन की खासी बड़ी चुनौती है। इसलिए

यह किताब औरतों का साहित्य औरतों के लिए, औरतों के द्वारा, की मूड–बुझाऊ बवालिया ब्रांडिंग को धता बताते नयी तर्ज़ की पेशकश करने का इरादा ठाने है। गम्भीर मुद्दों को सहजोल्लास से कहना। थ्योरी को चटपटेपन से कहना। पाठक को गलबहियाँ डालते हुए। महफ़िल जमाते हुए। पतनशीलता का यह तंज़ीय तेवर एक चश्मा भी है। यह चश्मा हमें अपने अन्दर और बाहर दोनों दुनिया की ख़ामियों पर एक साथ हँसने की कुव्वत देता है। यह चश्मा भावी सुन्दर, कम गैरबराबर, कम नाक़ाबिले बर्दाश्त दुनिया की कल्पना का शऊर देता है। इस तरह यह तेवर हमारी आपसी नाइत्तेफाक़ियों को कम करता चलता है। इतना कि हम महसूस सकें कि अगर आगे चलना है तो जो ठिठककर थम गये हैं, जो पशेमानियों के बोझ से दुहरे हुए हैं उनका हाथ थाम लिया जाये। उनका बोझ कम कर दिया जाये। ताकि हम महसूस सकें कि अकेले आगे बढ़ना अँधेरों का दामन पकड़ना है और साथ क़दम बढ़ाना इंसानियत के रौशन वक़्त का सुन्दर सफ़र है। पतनशील शैली का लहजा चुटीला और रंगीला होने भर से यह सुनिश्चित कर सकना मुमकिन जान पड़ता है कि फेमेनिज़्म का थ्योरीपन पाठकों पर भारीपन में तब्दील नहीं होगा। और साथ ही फेमेनिज़्म के थ्योरीपन की तलाश में आने वालों को अपेक्षित भारीपन भी हाथ लग सकेगा।

तो पेशेवराना दुनिया की तमाम ख़ुशफ़हमियों पर नकली समर्थन देते चलने की बजाय ईमानदार ऑब्ज़र्वेशन और आत्मस्वीकारोक्तियाँ ख़ुद औरत की ज़बानी–इस किताब का मकसद ठहरा। एक ऐसी पतनशील पेशेवर जनानी का तसव्वुर जो मौजूदा हालात के आर–पार–आगा–पीछा देखने और उनकी पोल–खोल की उस्ताद जान पड़ेगी। यह पेशेवर स्त्री कामकाज की दुनिया में ख़लल, चुनौती, मख़ौल

का मुद्दा नहीं बल्कि 'काम दाम दंड भेद' के फलसफ़े के दम पर हमबाज़ू बनी खड़ी है। आप चाहें तो अपनी आँखें बन्द कर लें या मुँह फेर लेवें पर सच तो यही है। यह नयी औरत 'सहयोग प्रतीक्षा सन्तुलन' की देवी नहीं इंसान है। जो अपने दम–ख़म से आपके रास्ते को वीरान और शुष्क होने देने को और देखना गवारा कर नहीं पा रही। आप चाहें उसके इस इकतरफा हौसले को तूल दें या भूल लें। यह नयी स्त्री वीनस गृह की अनसुलझी गुत्थी के बजाय सहज और मानवी के रूप में देखे जाने का ख़ालिस ईमानदार दावा पेश करने का फ़न रखती है। तो मिलिए उनसे, तहज़ीब के पोतड़े धोने–सुखाने–तहाने के फ़न तराशने में जिनका लगता नहीं है जी। देवी दानवी के दंगल के दरमियाँ जो फँसाई जाती नहीं। मज़हबों, महकमों, मन्नतों, मिन्नतों की म्यान में जिनकी चमक छिपायी जाती नहीं। जो अपनी चाल में चुस्त, चलन में मस्त, चुनाव में दुरुस्त है। बिन्दास और मुखर हैं। ख़ुशमिज़ाज और ताबदार है। ख़ुशदिल तर्कशीलता जिनका यू एस पी है। काम दाम नाम तीनों जिनके लिए सत्य है।

इस ताज़ा पेशकश के ज़रिए फिर मिलने का अपना वादा मैंने निभाया है और उम्मीद है कि आपसे यूँ मुख़ातिब होना किसी न किसी बहाने से होता रहेगा।

नौकरी इम्तिहान लेती है

सावधान! औरतें काम पर हैं...

कामज़ादी न हो तो

हम औरतों के लिए पेशागर्दी भी एक फ़ितूर है। फ़ितूर नहीं ऐब। ऐब नहीं लादवा मर्ज़। जिसके लगते के साथ ही हमें घर का मतलब घुटन, सुरक्षा का मतलब पाबन्दी और आराम का मतलब ज़ंग जमना लगने लगता है। कामकाजी औरत यानी अपने बाल–बच्चों को क्रेच, आया, पड़ोसी, सास या अल्लाह के रहम–ओ–करम पर छोड़ काम को जाने वाली औरत। दुधमुँहे बालक को दूध पिलाने की साँसत से थक–पक जाने वाली औरत। घर, घरवाले, घरवालों के काम और सेवा से बचने के सॉलिड बहाने बनाने वाली औरत। पेशेबाज़ औरत जिसे घर के कामकाज बाई–माई–लेवल के लगा करते हैं। जिसे बाहरवालों से गप्पें और नैन लड़ाने के मज़ेदार मौक़ों की भूख रहा करती है। जिसे आये दिन नये फ़ैशन की खाज मचा करती है। जिसे मज़ाले सुखन का चस्का हुआ करता है। जिसे जलवेबाज़ी के लिए जगहें, लोग और मौक़े चाहिए होते हैं। जो अपनों को छला और बाहर वालों को छकाया करती है। जो सपनों में उड़ा करती है और सपने उसे उड़ाया करते हैं। तो जी पेशापरस्त औरत माने अव्वल दर्जे की फ़ैशनपरस्त, मौक़ापरस्त, मतलबपरस्त, ख़ुदपरस्त औरत।

कामधारी औरत का घर गोया पूरा अजायबख़ाना। अजायबघर क्या प्रयोगशाला। प्रयोगशाला क्या सब्रशाला। महरियों के हाथों घर को लुटते देख भी ज़बान पर ताला रखने के सब्र की। बाहर के स्वाद चखकर बनी हंगामाख़ानम के नाज़–नखरे उठाने के सब्र की।

घर की अर्थ–सत्ता, राज–सत्ता में घपलेबाज़ी होते देखने के सब्र की। जताती ऐसे हैं जैसे काम पर नहीं मुल्क की आज़ादी के नेक ख़याल से लाम पर जाती हों। कमाने को हक़ मान कर गुमान में भरी जाती हैं। ऑफ़िसपन्ती झाड़ने के सौ मौक़े भी तलाशती होती हैं। आधी कमाई अपने फ़ैशन, पार्लर, महरियों, ख़ानसामों, ऑटो–टैक्सियों के भाड़े में लुटाती होती हैं। बाक़ी बची बड़ी शातिरता से अपने बचत खाते में सरकाती होती हैं। दफ़्तर में किट्टी–विट्टी खेलती हैं। जब–तब हाफ डे मारकर चाट–चटखारे, सैर–सपाटे को बीच बाज़ारों में फिरती हैं। घरवालों के बनाये बजट का बैण्ड बजा देती हैं। अपना वक़्त बचाने की ख़ातिर शार्टकट तरीक़े ताड़ती हैं। भले ही कितने महँगे पड़ें उनकी ज़िद करती हैं। महरियों से अपने नखरे उठवाती हैं। सरदर्दी देके हमदर्दी चाहती हैं। तौबा!

कामज़ादियों वाला ऑफ़िस यानी चण्डूखाना। मर्दाना कुव्वत के स्पेस में ज़नाना ज़ुर्रत का घुसे चले आना। मर्दाना मैराथन में ज़नाना का टाँग फँसाना। ''छल–बल–दल मसल'' और ''कर–मर–घर–अधर'' गैंग्स का भिड़–विड़ जाना। काम के बदले याराने, इतराने, फड़फड़ाने के ये वो बहाने। नौ से पहले घरघुसर, ऑफ़िस में घुसते खुसर–पुसर। ऐसे न तो वैसे, अब नहीं तो तब। इनके हिस्से का काम और डाँट साथी कामगारों के पल्ले। ऑफ़िस भी चाहिए घर की तरह। डिब्बा भर–भर लंच लायेंगी। अगल–बगल वालों को उनका मन न भी हो तब भी खिलायेंगी। दसियों दफ़ा मँडराने के बीसियों बार तरीक़े तलाशेंगी। घड़ी दो घड़ी में पेशाबगाह की पनाह लेंगी। लाली लिपस्टिक गाढ़ा करके लौटेंगी। सुरागी नज़र से ऑफ़िस की आँखों का ख़ुद पर उठना न उठना नोट करती सीट पर आन पधारेंगी। हर नाखून पर पॉलिश और हर दूसरी अँगुली में अँगूठी फँसाकर आयेंगी। पर उनमें फँसा आटे का खुरण्ड खुरचना भूल जायेंगी। होंगी लेट–लतीफ़, पर एंट्री का अन्दाज़ यों मानो ज़माने भर

के उलटे हालात से दो–दो हाथ करके पहुँची हों। मानो अपने काम से मोहब्बत की और उसे वक़्त से पूरा कर देने के जुनून की मारी हों। मानो अपना आगा–पीछा दाँव पर लगाकर आन पहुँची हों। कोई को तो जब देखो हँसती पाओ तो कोई को जब देखो आड़ा–तिरछा–कर्रा–सा मुँह बना पाओ। कोई हरदम खिजाई कोई पैदाइशी पथराई। कोई तो ऐसी कि एक दिन चमकती और फालतूपने में हँसती मिले। अचानक अगले दिन किचकिच–झिकझिक करती दिखे। अरे जब नहीं होता तो क्योंकर पचास पचड़े पालने। दो रोटी कम खायें। दो जोड़ी कम खरीदें। पति की कमाई में बरकत से रहें। महाभारत मचाकर यहाँ यों चली आना जैसे दुनिया पर कोई महान करम कर रही हों। हद है सजाऊ अपने को कमाऊ बतायें। रिझाऊ ख़ुद को टिकाऊ जतायें। हम किस–किस से टकरायें।

हे ग़ालिब!

इन खस्तियों के बिना कौन से काम बन्द हैं?

न कौम की न राज की

ओ मैडम! इरादा तो बताती चलो। घर की हितैषी, कौम की चहेती, मुल्क की कर्णधार बनने को आयी हो या घर, बाहर, दफ़्तर, सरकार की आँखों में धूल झोंकने? कमाने आयी हो या भरमाने? दिखाने आयी हो या आजमाने? जताने आयी हो या बहलाने? मानना पड़ेगा तुम्हारे रहते मनहूस दफ़्तरी फिज़ा में रंगीनी रहती है। मुल्क की गर्दन को स्पांडिलाइटिस के ख़तरे से निजात मिलती होती है। ऑफ़िस की नसों में ऐड्रेनलिन का मन्दा पड़ता प्रवाह चुस्त हो जाता है। टें बोल गये टेस्टोस्टेरॉन को टॉनिक मिल जाता है। बताती नहीं पर अफ़सरशाही भी भन्नाई हुई है तुमसे। बात–बात पर काम से नागा करने वालियों से। महीने से होने की मुसीबत तक के लिए छुट्टी का दान चाहने वाली नाज़नीनों से। जब–तब अचानक पेट फुला लेने वालियों से।

जच्चगी के नाम पर छुट्टियाँ मारकर सिस्टम को चूना लगाने वालियों से। ''कोर्ट चली जाऊँगी'', ''क़ानून से पिटवाऊँगी'' माथे पे गुदवाये फिरने वालियों से। इज़्ज़त, पगार, बराबरी, मौक़े, सहूलियतें, छूट सब एक साँस में माँग जाने वालियों से।

अब क्या बतायें सरकारें भी अन्दर–अन्दर भुनती होती हैं इनसे। बस सीधे–सीधे बोलती नहीं। कहीं वोट–शोट देने के वक़्त नाज़–नखरे, हो–हल्ला, सवाल–जवाब, आन्दोलन–धरना करने बैठ गयीं तो महँगा पड़ेगा। जब इनके पंगों–पेंचों से क़ानून के सिर और सल्तनत तक के पेट में दर्द उठता है तो हम किस खेत की मूली हैं भई। जब इतनी मज़बूत सरकारें तक दुखी होकर भी इनका बाल भी बाँका नहीं कर सकतीं तो अपनी चुपचाप सहे जाने में ही ख़ैर है। अब क्या बतायें!

हम तो गोद में बुला रहे थे पर ये महारानियाँ तो सिर पर धरना देने लगीं।

दुनिया में आई है तो काम कर प्यारी!

पेशेवर हूँ सर, पेशेवाली नहीं

जिनको यक़ीन है कि दफ़्तरों में गर औरतें हुईं तो या तो सेक्स रहेगा या सेक्सुअल हैरास्मेण्ट। जिनको लगता है कि दफ़्तरवालियाँ या तो रण्डियाँ होती हैं या बस चण्डियाँ। जिनको कामकाज को निकली घरवालियों में कोठेवालियों का धोखा होता है। जिनको आती हुइयों का सीना और जाती हुइयों का पिछवाड़ा नज़र के इंचीटेप से नापे बग़ैर करार नहीं मिलता है। जिनको ''इस हाथ दो उस हाथ लो मेरी रानी'' के गुप्त आदियुगीन फ़लसफ़े पर अन्धा यक़ीन है। जिनको अपनी जिज्ञासा और इस फलसफ़े का खुलासा करने को अपनी आँख, हाथ, ज़बान आदि का इस्तेमाल करने की खुरक उठती है। उन–उन को मशविरा है कि सीने पर दबाव महसूस होने के चलते ऑक्सीजन मास्क का इस्तेमाल करें। सच का दबाव साँसलेवा हो सकता है।

हाँ तो मदाम!

गर आप बाहर से तंगपोश और भीतर से तंगहौसला हैं।

गर आप काम के हौव्वे को अपने चेहरे–मोहरे पर आने से रोक नहीं पातीं।

गर आप अपनी डील–डौल से आदर्श कुनबापरस्त होने को छिपाना जानती नहीं।

गर आप अगल–बगल की सीटों से आती छींटाकशी पर कान देने से बाज आने पाती नहीं।

गर आप सुकुमारी, काम की मारी, बेचारी, हारी दिखायी–सुनायी देती हैं।

गर आप दफ़्तर की नयी–नवेली–अलबेली चिड़ी जान पड़ती हैं।

–तो ज़ाहिर तौर पर आप मर्दाना पेशेवराना हुकूमत की आदर्श रिआया हैं।

गर आप बाहर से दिक्कतपसन्द और भीतर से हौसलाबुलन्द हैं।

गर आप साथी कामकाजी बन्दों पर तेज़–तर्रार पेशेवराना जंगई करने से ख़ुद को रोक पाती नहीं।

गर आप चपल, चतुर, वाचाल, चण्डिकामय तेवरबाज़ी दिखाने में मिनट लगाती नहीं।

गर आप महकमे में कहकहेबाज़ी, चालबाज़ी, अड़ंगेबाज़ी को मुल्तवी करने पाती नहीं।

गर आप घाघ, घुटी और घरैतनी सभ्यता का मज़ाक़ उड़ाने वाली अदाएँ पेश करने में हिचकती नहीं।

–तो भी आप यौन सितम ढहाये जाने के लिए थोड़ा कड़ा लेकिन आदर्श पात्र हैं।

अरे रे रे आप ज़हमत न उठायें जनाब! ज़नाना लोग के दफ़्तरी यौन–शोषण के पीछे औरताना बेवक़ूफ़ियों और कारगुज़ारियों की फ़ेहरिस्त आपकी ओर से मैं ही जारी किये देती हूँ–

दफ़्तरों में ज़्यादातर रईसज़ादी, हुस्नज़ादी या घर से परेशान हरामज़ादी आया करती हैं।

लाली लिपस्टिक या तो कम या बहुत तेज़ लगाया करती हैं। बीच–बीच की लगाना जो सबको सूट करे और जितने पे मर्दों की मादकता ना भड़के, लगानी आती नहीं।

अपनी नेकी–बदी जानती नहीं। समझाओ तो समझती नहीं, उल्टे काटने दौड़ती हैं।

आप तो रंग–बिरंगी तितलियाँ बनी दफ़्तर को चली आती हैं हम भौंरे बनें तो गवारा करती नहीं।

सीधे–सीधे कुछ बोलती–बताती नहीं। बात को आड़ा–तिरछा घुमाती दफ़्तरियों को छकाती हैं।

अफ़सर के केबिन में इतराती जाती हैं और तिलिस्मी तरीक़े से मुस्काती आँख मटकाती बाहर आती हैं।

चार जनियों से घुट–घुट बहनापा आठ से खिटपिट स्यापा पाले रखती हैं।

हवाखोरी, नाज़ुकमिज़ाजी, तुनकमिज़ाजी, कोताही, मनाही–काम की जगह ये सब किया करती हैं।

कामकाज को मर्दों की टक्कर में अंजाम देने के बजाय अपने आराम, सहूलियत पर ज़्यादा ध्यान दिया करती हैं।

ऑफ़िस का ओएसिस बनती फिरती हैं पर ज़रा हाथ डाल दो तो मृग–मरीचिका बन चम्पत हो रहती हैं।

बात–बेबात टसुए बहाकर अगले बन्दों को अहसास–ए–शर्म और, अहसास–ए–ज़ुर्म से डसवाने वाले त्रिया करती हैं।

उम्रदराज़ बॉस को ससुर या पिता होने का। बाली उमर का हो तो देवर होने का। जो ठीक–ठाक उम्र का हो तो खसम होने का धोखा दिये रहती हैं।

अफ़सर जो ज़नाना हो तो (किसी भी उम्र की) तो सास बनाकर, सिर पर बैठाकर बाकियों की मिट्टी पलीत कराती फिरती हैं।

नियम–वियम, सख़्ती–वख़्ती का माहौल बनवा दो तो चूँ–चूँ करने पर उतर आती हैं।

अपने दो गुप्त अंगों के ललचावे में लाकर भुलावे में रखती चलती हैं और आख़िरकार टरकावे की हालत में लाकर यू टर्न ले लेती हैं।

दो टाँगों के बीच से सन्त भया न कोय

तेज़ाबियत की बात है पर पूछना बनता है कि 'दफ़्तरी सेक्स सितम' की रवायत का लाभ उठाने को नर की तरह मादाएँ भी अपना अख़्तियार मानती क्यों नहीं। पर जनाब आज तक बड़ी से बड़ी साइंसी तरक्की बता नहीं पायी कि नर यौन–शोषण का ग्राफ़ मादा यौन–शोषण के ग्राफ़ का रत्ती भर भी मुक़ाबला आख़िर क्यों नहीं कर पा रहा। जिस्म दोनों के पास। आग दोनों में। पद की हैसियत दोनों के पास। पर नारी की तरफ़ से कामकाजी नर का यौन शोषण सुना गया नहीं। मुख़्तसर–सी बात है जो साइंस के पेंच लड़ाये बिना ही समझ आ सकती। कुव्वत और इरादा जिसका, इलाका उसका। गाड़ियों के चक्कों पर मूतते और जबड़ा उठाकर भूँकते कुक्कड़ों की माफ़िक। अपने इलाके की घेराबन्दी और उस पर हक़–ओ–हुकूमत का डंका पीटते रहने का एक अचूक मर्दाना रामबाण–औरत को मनोरंजन से लेकर यौनरंजन तक का सामान बनाये रखने की अहमियत समझो। उसे यौनिक हमलावरी के हौव्वे में घेरो। उसके दिल–ओ–दिमाग़ को अपनी सरपरस्ती में रहने को मजबूर बनाये रखो। मने हद है।

सेक्स वाला टैक्स

मैं दम लगाना चाहती हूँ आप देह लगवाना चाहते हैं। मैं देह से उठकर बुद्धि होना चाहती हूँ आप मुझे मेरी देह में क़ैद कर देने में अपनी आधी ताक़त झोंके रखते हैं। मेरी नज़र में यह आपका अव्वल दर्जे की असुरक्षा से घिरे होना है। इस सदी में भी आपकी समझदानी का दो टाँगों के बीच दुबके होना। अपनी बुद्धि और देह का आतंक देखने की लत का शिकार हुए रहना। उफ़! आप अपनी कमाई से सब ख़रीदना चाहते हैं–आराम से लेकर शोहरत तक अदब से लेकर ताकत तक ग्लैमर से लेकर सेक्स तक। नेकनामी से लेकर बदनामी

तक। लत से लेकर ऐब तक। हिम्मत से लेकर हिमाकत तक। पर जनाब मेरी नज़रों में अपने लिए इज़्ज़त ख़रीद पाते तो कुछ और बात होती।

ए मिस्टर! सुनते जाइये कि पेशेवर को पेशेवाली की हैसियत में उतारने के पैंतरे, हौव्वे इस्तेमाल हो–होकर इतना घिस चुके हैं कि असर करते हैं नहीं। जिस दिन मेरी नैतिकता ने आपकी नैतिकता की बराबरी कर ली। जिस दिन मेरी जिंसी हिमाकत ने आपकी जिंसी तर्बियत की तहमत कतर दी उस दिन हो सकता है दुनिया ही ज़मींदोज़ हो जाये और फिर नयी दुनिया की नींव रखी जाये।

यूँ कि आप पर बस हँसा ही जा सकता है। आपसे खौफ़ज़दा होना मुश्किल ही नहीं, नामुमकिन भी है।

आयँ ये क्या बोल गयी मैं?

मैं फ़ायर तो नहीं?

बाई मिस्टेकन

ये बाई है ये सब जानती है। बीबीजी से कब उलझना है कब नहीं। कब उधार माँगना है कब नहीं। कब नरम पड़ना है कब नहीं। कब ऐंठ जाना है कब नहीं। कब चिरौरी करनी है कब सीनाज़ोरी। कब एहसान जताना है कब एहसान में आना। कब मुहल्ले के क़िस्से सुनाकर जी बहलाना है कब तरसाना। कब दुखती रग पर हाथ रख देना है कब रग दुखाना। कब तारीफ़ कर देनी है कब ताना सुनाना। कब माथा दबाना है कब माथा ठनकाना। कब काम चटपट निपटाना है कब काम लटकाना।

तो मैं भी कम नहीं और इतना तो जानती हूँ। कब बाई को धमकाना है कब दुलराना। कब उधार देना है कब तरसाना। कब गपियाना है कब रूस जाना। कब ऊपर से पैसा देना है कब काटना है हर्जाना। कब एहसान में आना है कब एहसान उतारना। कब सहेली बनाना है कब कनीज़ बनाना। कब लालच देना है कब लालचन कह जाना।

मेडें न हों तो रात में पतियों की देह के नीचे और दिन में खानदान भर की फ़रमाइशों के बोझ के तले दबी दबदबे की हमारी चाहत कैसे पूरी हो। मेडें न हों तो महीना पहले बेस्ट बिफ़ोर की सरहद टाप चुके खाद्यान्नों का क्या हो? हमारे फूल जाने पर भी जगह मलकर जमे यतीम लिबासों का क्या हो? तीन दीवाली बाद कई घरों से आवारागर्दी करके अपने मूल निवास पर वापस लौटे

तोहफ़ों का क्या हो? झगड़ैल पड़ोसन के घर से सीज़फ़ायर करने को आयी कटोराभर सब्ज़ी का क्या हो? हम मालकिनों के पी एम सी, मूड स्विंग्स के लावे किधर बरसे? अगर हम न हों तो इन कमअक्लों को दीन–दुनिया की पते की बातें बताये कौन?

बाईपन भी एक दशा है बहन!

माना कि गाहे–ब–गाहे मैं दूसरों की झल्लाहट इन पर उतार दिया करती हूँ पर इसकी मजबूरी देखकर मौक़ा–बेमौक़ा चोरी छिपे–चार पैसे भी तो पकड़ा देती हूँ। दो कड़वी बात सुना देती हूँ और दो काम फालतू करवा लेती हूँ तो क्या गुनाह करती हूँ। ठण्डे फ़र्श पर बिठाकर एसी की हवा और खाना भी तो खिलाती होती हूँ। बाक़ी घरों से सौ रुपये फालतू ही देती हूँ पर बस न तो बहस बर्दाश्त होती है न टेढ़ा जवाब सहा जाता। सबकी सुनते ही हैं इनकी ठसक और सहें। लेट लतीफी से आती हैं और बहाना बना देती हैं कि पति ने मारा या बच्चा चाय से जल गया। ग़लत–सलत तरीक़े से मुँह बनाकर काम करेंगी और फुर्र। भई मुझे चाहिए साफ़ और अपनी पसन्द का काम। हमें पता है कि इनको कितनी छूट देनी है कितनी नहीं। कामवाली की तरह न रखें तो ये तो सर पर चढ़कर नाचने लगें। नया साल लगता नहीं कि पगार बढ़ाने की रट चालू। अब मुझे भी तो इनसे नपा–तुला ही मिलता है घरख़र्च को। दो–तीन महीने तो यही कहकर टालामटोली करती हूँ कि इनसे बात करूँगी तब तो। देखो भई काम में और सफ़ाई लाओ और टाइम पर आओ तब तो सोचें भी। ये क्या कि इधर ये दफ़्तर को लेट होते हों और ये महारानी जी रिक्शे–तिपहिये के पैसे बचाने की ज़िद में पैदल–पैदल हाथी–चाल चले आ रही हैं। बोल दो कि फ़ोन तो कर देतीं तो देवी जी का जवाब हाज़िर कि बैलेंस ख़त्म था करती कैसे। कभी कहेंगी बाल्टी लेकर नल की लाइन में थे कभी कहेंगी डिस्पेंसरी में दवा की लाइन लम्बी थी। तुमको हमारा दर्द नहीं तो हम तुम्हारा क्यों सोचें।

मान लो आज पाँच सौ बढ़ा भी दूँ तो एक महीने–बाद फिर इनको पूरा पड़ना बन्द हो जायेगा। महीना दो महीना लाइन पर आकर फिर वही हाल। एडवांस दे–देकर पक गयी पर सब रहम बट्टेखाते में डाल देती हैं। कितने हज़ार उधार ले रखे हैं। ये तो कहते हैं वापस माँगो भई! पर मैं इसलिए नहीं माँगती कि चल देवी जी दबकर तो रहेगी इसी बहाने। पर ये ज़ात किसी की सगी नहीं।

इनके कौन–सा सारे बच्चे स्कूल जाते हैं। न पेट्रोल का ख़र्चा न बिजली–पानी का। अजी हमें पता है तारों पर काँटे डालकर बिजली चुराते हैं, टैक्स–वैक्स कुछ देना नहीं। पति शराबी मारपीट करने वाला। हम जैसी मालकिनें काम न दें तो इनके बच्चे भूखों मरें। दीन ईमान इनका है नहीं, ज़रूरत के वक़्त लम्बा हाथ मार लेती हैं, शरीर का धन्धा करने में भी हिचकती नहीं। मैं तो बीच–बीच में इधर–उधर पैसे गिराकर परखती रहती हूँ। कोई भरोसा नहीं कब इनका ईमान बदल जाये। अजब हाल है ज़रा हँस–बोल लो तो बराबर की बनने लगती हैं। पतिदेव इनके सामने हम पर झल्ला जायें तो तसल्ली देने के बहाने सहेली बनने लगती हैं।

सबको लगता कि ऐश है भई मालकिन की तो, पर बाँदियों से काम निकलवाना कैसी टेढ़ी खीर है। इनको भी कहते देर नहीं लगती कि करती क्या हो दिन भर जो थक जाती हो। सबको लगता है कि हम निखट्टू बैठने वाली औरतें हैं पर कामवालियों से भेजा खपाकर देखें तो पता चले। कितने भी पैसे फेंक लें पर औरतें आराम और सुकून नहीं ख़रीद सकतीं। इतने सताने वाले क्या कम थे जो ये मुसीबत और पाल ली।

मे डे मे डे मे डे

अगर वे अधिक समझदार हो जायें तो धीरे–धीरे वे समझने लगेंगी कि बौद्धिक, रचनाशील, कार्यशील, क्रान्तिकारी और संघर्षशील स्त्रियों की जमात के बने रहने में उनका कितना हाथ है। मैं चाहती हूँ कि वे ये समझ जायें कि हम जैसी स्त्रियों की आधी–अधूरी आज़ादी में उनका पूरा–पूरा हाथ है। मैं चाहती हूँ कि हम तमाम औरतें अपनी लड़ाइयों में, बढ़त में, हासिल में–इन ग्रीनरूम की सच्ची साथिनों के बेशक़ीमती सहयोग को सराह सकें। इन्तज़ामे खानादारी की चिकचिक के ब्लैकहोल में थपेड़े खाती हम औरतों को डूबने से बचाने वाली ये सहयोगिनें ही तो हैं। मैं चाहती हूँ कि वे जान लें कि उनके एक दिन के असहयोग से हमारे जीवन में कितनी उथल–पुथल आ जाती है और उनके आये दिन के सहयोग से हमारी ज़िन्दगियों को कितना सुकून मिलता है। हम बाहरी मोर्चों पर जूझने वालियों की खन्दक पुख़्ता रखने वाली सच्ची नातेदारनियाँ।

कामवालियाँ नहीं सहेलियाँ।

फकिंग बिच...

जाम भरे पुल पर गाड़ी के पीछे वाली गाड़ी से गाड़ी के छू भर जाने पर उस चोटिल गाड़ी के नवयुवक द्वारा मुझे दी गयी पदवी।

ज़नाब वो क्या है न कि अक्सर ही हमें अपने लिए सब तरफ़ सब कुछ ओके, फाइन और स्मूथ लगता है। पर जैसे ही सीधे–सीधे रास्ते में कोई हेयर पिन मोड़, दुर्घटना सम्भावित इलाका, सँकरा, कच्चा और ढलुआ दौर आन पड़े तो जमात की सदियों पुरानी सोच पर चढ़ा तरक्की का मुलम्मा घटिया प्लास्टर की माफ़िक झड़ जाता है।

पर फ़िकर नॉट ऐसी गर्द को झाड़कर मौज में चल देने की प्रैक्टिस बड़ी चोखी है जी अपन की।

औरत करे न चाकरी

कामकाजी ज़नाना ज़ात बाकायदा एक चोंचलेबाज़ जमात है। आपने कभी गौर किया इन्तज़ामे खानादारी को दोयम दर्जे की अहमियत देने वाली इस जमात की चाल–ढाल, बनाव–शृंगार, बर्ताव–सलीके पर? यकीन जानिये इस तबके की औरतों को हमदर्दी से देखना मतलब आ बैल मुझे मार कहना। इनकी रफ़्तारशुदा दिनचर्या में दख़ल देना मतलब अपनी सुकून भरी ज़िन्दगी को बेचारगी–भरा कहने का मौक़ा इनको देना। ये वो बेगमात हैं जिनका अपना कोई ठौर–ठिकाना नहीं। इनकी दिक्कत नज़र में हर घरबारी औरत हराम का खाती और फिज़ूल का जीती है। ये वो बेग़मात हैं जिनके मुँह से हरदम अपनी बड़ाई के फूल झड़ा करते हैं। वक़्त नहीं है। काम बहुत है। एक अकेली क्या–क्या करूँ; वग़ैरह। दो जहानों का मज़ा एक साथ चखने चलोगी भी और दुनिया जहान में रोनी शक्लोसूरत बनाकर दिखाओगी भी। संजीदगी और रंजीदगी का हल्दी चन्दन मिक्स पोते। हरदम हवा–हवाई।

दोनों जहान ए री ! चाकरी में हार के

मेरी जानिब इस तरह की बेगमात दो अलग तरह की शख़्सियत को जीने के लिए ही बनी होती हैं। दो जहानों की मलिका बनने की ख़्वाहिश में दोनों जगह की मेहतरानी बनकर रह जाती हैं। इन ख़वातीन से ज़्यादा नौटंकीबाज़ ख़ुदाया और कौन होगी कि घर की

चौहद्दी से बाहर पैर रखते ही घरेलू से कामकाजी में तब्दील होने में मिनट नहीं लगातीं। चन्द पलों पहले कन्धों पर रसोई का झाड़न लिए हड़बड़ाई दिखने वाली कन्धों पर पर्स टँगाये ऐसी रफ़्तार और रुआब से सड़क को बढ़ती, सवारी में चढ़ती मिलेगी मानो आज और अभी कोई क़िला इनके हाथों फतह होना लिखा है। दस मिनट पहले रात के बासी लिफ़ाफ़ेदार गाउन में प्रेत–सी मँडराती घरैतिन, तंगपोश नागिन बनकर लहराती–झटपटाती गली में जाती पायी जायेगी। आप दफ़्तर जाते इनको गौर से देखने की ज़हमत उठायें तब भी आप हरगिज़–हरगिज़ न समझ पायेंगे कि इन मोहतरमा की चाल में रफ़्तारी का सबब पेशे और कमाई का इनका घमण्ड है कि वाकई में ये किसी वक़्त और हालात की तंगी का सिलसिला है। अजी साफ़ है इनको ख़ुदनुमाई की आदत है। अपने मन और हालात को पर्दे में रखने की फनकार हैं।

गली से सड़क तक, सड़क से बस मेट्रो तक, वहाँ से दफ़्तर की कुर्सी में धँसने तक, ऐसे पेश आयेंगी कि इनसे समझदार और फुर्तीली कोई हो ही न। अजी एक ओर के कन्धे को पर्स के बोझ से झुकाकर। उसे बाज़ुए ज़ोर से दबाकर। उसी हाथ को मोड़कर पर्स की तनी में पाँचों अँगुलियाँ लपेटे चलने में कौन–सी अदा है। ऐसे में इनकी निकली नुकीली कोहनी सफ़र के कुहनीमार मर्दों से निपटने का एक पैंतरा मालूम पड़ती है। हद शक्की और मगज़मार औरतें हैं। चेहरे की तनावट और हाव–भाव की कसावट देखो। अगल–बगल वालों को अपनी आला अफ़सरी का रुआब झाड़ने का अजब है सलीका। तेज़ी से चलते हुए आगे की ओर झुकी–सी हवाई घोड़े पर सवार क्यों मालूम होती हैं। जैसे घर की चौहद्दी में हुकुम बजाने की शामत से निजात पाने की या दफ़्तर के यार से मिलने की हड़बड़ी हो। और नहीं तो अर्दली पर हुकुम बजाने या कुर्सी से पीठ टिकाकर आराम फ़र्माने की जल्दबाज़ी हो। दोनों रानों के बीच

घुसती और ज़मीन पर लिथड़ती साड़ी की चुन्नटों को खब्बे हाथ से इतना ऊपर को उठा लेंगी कि दो बिलांत तक नंगी टाँग दिखने लगें। गलीवालियों से अन्दरूनी रंजिश छिपाकर ऐसा समझदार चेहरा बनाएँगी कि अगली दिनभर घर में फुँकती फिरे। दिन ढले लौटेंगी तो चन्द सामान के थैले और लादे घुसेंगी मानो इनके पर्स के दम पर ही गृहस्थी चलती होती हो।

अजी कितनी नौटंकी कर लें पर असलियत हम जानती हैं इन कामकाजी छबीलियों की। कितना ही नाइन टु फाइव मेकअप से अपनी थकन–शिकन की झाइयाँ ढाप लें। कितनी ही वर्किंग वुमेन ब्रैण्ड के गहनों से तंगफुर्सत ज़िन्दगी में रौनकें ले आवें। रहेंगी तो किसी की गुमाश्तगी में ही। हम भी यहीं तुम भी यहीं। वक़्त से पहले इनके घुटने टैं न बोल जायें तो कहना। अरी देखा नहीं जब औलाद बीमार पड़ती है और सास सड़कर गाँव को कट लेती है तो कैसे रुआँसी हताश दिखती हैं। उजड़ी–बिखरी, लाचार–हताश सी बच्चा लादे तड़पती पायी जाती हैं। दफ़्तरी आला अफ़सरी सब हवा हो रहती हैं। बन्दी ज़मीन पर आ जाती हैं। अजी मौक़ापरस्ती, काम निकलवाने का फ़न पेशे से ही सीखती होती हैं वरना तो हम घरेलू औरतों की मदद पाना तो सरासर नागवार होना चाहिए एक रोबीली, कमाऊ, ख़ुदपसन्द औरत को। अजी हम तो अपने दरवाज़े पर खड़ी–खड़ी ऐसी औरतों के अन्दरखाने की बात पता बूझ लें। पता नहीं कौन से ख़िताब के लिए ऐसे नकली रुआब को लादे फिरती हैं।

मेरी दो टकियाँ दी नौकरी

काम को जाते मर्द को कामकाजी मर्द कहते ही कैसा अटपटा लगता है। सुनने वाले की हँसी ही फूट जाये। ये बस औरतें ही हैं जो या तो घरेलू कहलाती हैं या कामकाजी। काम और काज, देश और समाज सब मर्दों का है। इसलिए काम पर जाता हुआ मर्द, मर्द होता

है। वही पेशा उसकी असल पहचान और ताकत है। कुव्वते मर्दानगी को आजमाने का स्पेस है। काम और काज तो हमारे जी को भी बहुत हैं बहनों पर दुनिया के लिए तो बस चाकरी है। दुनिया की श्रम–शृंखला की ज़नाना कड़ियों के जोड़–होने के और, और जताने के और। पर फिर भी, फिर भी, हम ज़नाना अपनी करनी कर गुज़रें जो होगा देखा जायेगा!

मौत से पहले औरतें चाकरी से बाज आयें, क्यों?

हर सफल को सुखी मान लेना। हर सुखी को सफल
हर दुखियारी को हारी मान लेना
हारी को दुखियारी
हर सुखी को ख़ुशकिस्मत मान लेना
ख़ुशकिस्मत को सुखी
मज़बूत को कठोर मान लेना
कठोर को मज़बूत
जज़्बाती को नादान मान लेना
नादान को जज़्बाती
हर दिलेर को मर्दाना मान लेना
हर मर्दाना को दिलेर
ख़ुशबाश को शबबाश मान लेना
हर बैठी को जड़ मान लेना
कामकाजी को लालची
लालची को मतलबी
अकेली को अनाथ
अनाथ को बेचारी
ठहरी को हयादार
वाचाल को चालबाज़
हमख़याल को समझदार
जिज्ञासु को काँटेदार...
...मान बहुत जल्द जाते हैं आप
नहीं?
...माना हो तुम बेहद नादाँ
ऐसी पहेली पर हम कहाँ

अगर छेड़े जाने पर आप ख़ुद पर शर्मिन्दा होती हैं।

अगर छेड़े जाने को छिपाने की कोशिश करती हैं।

अगर छेड़े जाने पर आप पीड़िता–सा हाव–भाव चेहरे पर लाती हैं।

अगर आप हैरासर की आँख में आँख डालकर उसे घूरने से डरती हैं।

अगर छेड़े जाने की वजह आप अपने शरीर में ही खोजती हैं।

अगर अगली के छेड़े जाने की घटना पर आप सहानुभूति जताती हैं और मन ही मन विक्टिम के पुराने व्यवहार से उसी की खामियाँ–गलतियाँ तलाश–तलाश लाती हैं।

अगर हैरासर से अपने निजी सम्बन्ध की वजह से आप उसके लिए सहानुभूतिशील हैं।

अगर हैरासमेण्ट को आप सिर्फ़ और सिर्फ़ एक निजी घटना मानती हैं।

अगर एक बार बच जाने पर अगली बार बचने का एक उपाय ख़ुद पर नयी बन्दिशें और पाबन्दियाँ लगाने को मानती हैं।

अगर ख़ुद की हैरासमेण्ट होने को अपनी और खानदान की इ़ज़्ज़त लुटना मानती हैं।

तो पहले आपको ख़ुद की सोच को बदलना है।

फिर देखते हैं अगले कैसे नहीं सुधरते!

काम दाम सत्य है

कमाऊ औरतें अपने पैसे पर कितना ही उछल–कूद मचाती रहें पर असल में वो हम घर बैठकर सुकून की खाने वाली राजरानियों को देख–देख ठण्डी आह भरती होती हैं; मैं तो कहूँ अच्छा–ख़ासा जला–भुना भी करती हैं। अपने पैरों पर खड़ी होने की खुरक वाली कमाऊ पूतनियों के पाँव पालने में ही दिख जाते हैं। बने–बनाये, मिले–मिलाये, पके–पकाये को घर बैठकर भोगने में तीन–पाँच करने वालियाँ। अनाज के मर्तबान में पैसे की जमाखोरी के विंटेज विचार को फुस्स मानने वालियाँ, पता है क्या सोचती हैं हमारे बारे में। अजी इनकी अकड़ैल नज़र में बापू–भैया–सैंया की प्यारी बेटी–बहन–खातून होने की एवज़ में हासिल इमदाद पर पलने वालियाँ हैं हम। हम जैसी बचत–बरकत करके हिसाबदारी से घर चलाने वालियों को हरामसूरत समझने वालियाँ न हों तो।

काम कमाई कमाईवालियाँ

हमें घरेलू जोंक की तरह समझने वाली ख़ुद न घर की हैं न घाट की। अपनी कमाई का आधा हिस्सा अपनी डेंटिंग–पेंटिंग–पैकेजिंग पर होम करती होती हैं। बात–बेबात अपनी पगार से बाल बच्चों की बेहतर परवरिश का एहसान और। अपने और अपने घरवालों के लिए बोझ बढ़ाकर, अन्दर के मर्दाना जुनून को सहलाकर यह समझना कि बाकियों के पल्ले ये पैंतरा पड़ नहीं रहा। नोट करो कभी कि इनको 'हमारी

बहू वर्किंग है और इतना कमाती है, पत्नी वर्किंग है' सुनने की लत है। जब हमारी तरफ़ देखकर बात करती हैं तब पढ़ो इनकी आँखों में। कैसे ख़ुद को महान कीमियागर समझती होती हैं। ख़ुद मुख़्तारी का ढोल पीटने वाली हैं इतनी बेचारी कि ख़ुद की कमाई के दम पे कमाने जाने पर भी ख़ुद से और घरवालों से उलझना इनकी किस्मत में लिखा है। कौन–सा निज़ाम बदल जायेंगे या कौन–सी हुकूमत ढह जायेगी ये न कमाएँ तो। अपने मालोज़र से सच को झूठ, झूठ को सच लिखवा ला सकती हैं क्या? अजी पैसा हाथ में आ जाने से आपकी जगह नहीं बदल जाती।

जब कमाने में कोई भी आपके साथ नहीं है तो चैन से बैठकर खाओ। रुआब से कहो कि पालो हमें गर कायदे के मर्द हो तो। भई हम तो चार दफा नकली अदब दिखाकर सामने वाले बन्दे को ऐसा सेट कर देती हैं कि चार पैसे और कमाकर लाने को मन करने लगे उसका। एहसान के बदले एहसान जताकर हिसाब बराबर करना आना चाहिए बस। बराबरी की नकली फूँ फाँ क्या लगना। पर इनको देखो। पहले मर–मरकर कमाओ। फिर पूछ–पूछकर ख़र्च करो। फिर हर मौक़े पर दिल फुँकाओ कि इतना कमाकर भी इज़्ज़त और फ़ैसलों में बराबरी नहीं। अज़ी औरत की आमदनी कब अमृत कहलाये कब विनाशक–सब घर के हालात और घरवालों के मूड की बात।

आप लाख अपने नोटों पर फुदकती फिरें ज़िन्दगी की एक ग़लत करवट आपको ज़मीन पर ला सकती है। आज आपके सामने दो फुटे बच्चों की परवरिश के आड़े तबादले का नोटिस आन पड़े तो देखने को मिल जाये कि अब तक आपकी कमाई के हिमायती घरवाले कितने पानी में हैं। आप कमाओ पर अगलों के माथे पर एक भी शिकन और उनके आराम में ज़रा भी खलल दिये बिना। बाहर वाले सोचें चली आयीं घर से महारानी उठकर। घरवाले–ऐसी नज़र से देखें कि आ गयीं जहाँआरा खुल्ली हवा खाकर। बेचारियाँ इतना

तक न कह पातीं कि 'भई, मुँह दिखाने के पैसे नहीं मिलते दुनिया में कहीं भी।, पर बाहर का मैडमपना घर में चलता नहीं जो कायदे से यह बात भेजे में ठूँस सकें बोलने वालों के। बोलेंगी तो कमाई पर फूलकर रौब झाड़ने की तोहमत हाज़िर। इतनी कि ख़ुद पर शक़ होने लगे इनको कि कहीं सच में ही तो नहीं कमाई के चक्कर में अपनी ज़रूरी जगह–ज़रूरत खो रही। हफ़्ते–दस दिन में गुस्लखाने के नल के शोर में ज़ोर–ज़ोर फफकती न हों तो नाम बदल देना मेरा।

कमाओ एण्ड रूल

मर्दों का क्या है पत्नी घरबारी हो तो मज़े आराम। कामकाजी हो तो आसपास वालों पर पत्नी के मॉडर्न होने का रुआब। बात तो तब मानें जब अपने पैसे से अपनी हस्ती बनायें। यह भी क्या कि अपना धेला भी अपनी मर्ज़ी से खर्चने से पहले कोई न भी टोक–पूछ रहा हो तो भी मन–मन में अपनी ज़रूरत को सच्ची ज़रूरत साबित करती फिरें। कोई टोक दे तो उस ख़र्चे की सफ़ाई ऐसे दें कि यह तो जी मेरी मजबूरी थी न कि मेरा शौक़। आज देखो ये अपने रोकड़े से कोई शौक़ पूरा करने बैठ जायें तो कैसी मलामत हो इनकी। कमाई के पैसे को कहाँ कितना लगाना है; जैसे फ़ैसले ख़ुद लेने लगें तो चार दिन में ख़ुदपरस्त, मतलबपरस्त, हठधर्मी कही जायें। अपना तो सीन साफ़ है जी। आपका माल आप देखो। बस हमारी ज़रूरतें, शौक़ पूरे होती रहें। तीज–त्योहार के नाम के ज़ेवरात मिलते रहें।

आदमी कमाता है शान से। कमाई के बाद चार तरह की महफिल में मौज कर के आता है शान से। सिगरेट शराब पीता है शान से। अपनी कमाई से हुई बरकतदारी का हिसाब माँगता है शान से। कमा–कमाकर घुट गया की सेंटी पटकता है शान से। अब कुछ ब्रेक चाहिए का दबाव बनाता है शान से। और ये बेचारियाँ भगी जाती हैं भगी आती हैं नौकरी से जैसे कोई चोरी कर रही हों। शान का

नकली जामा चेहरे पे चस्पाँ रहता है बस हम जैसियों को जलाने। महफिलबाज़ी, ओवरटाइम, तफ़रीबाज़ी, दीदबाज़ी कर लें किसी दिन तो एक्स्प्लेन करती फिरें सबको।

काम दाम प्रचण्ड भेद

आदमी पैसा कमाता है ताकत जताने के लिए, औरत कमाती है प्यार जताने के लिए। वो कमाई की ताकत को ही प्यार मानने में लगा है जबकि औरत प्यार की कमाई को ही ताकत मानने में। मुल्क की माली निज़ाम की अर्थी को मर्दाने कान्धे सँभाले हुए हैं, औरतें तो बस मय्यत के काफ़िले की भीड़ हैं। कमाल है कि हम दूर बैठकर देख सकती हैं पर इन कमेरियों की समझदारनी में नहीं घुसती ये बात।

काहे को भीड़ बढ़ानी रानी! घर बैठो ऐश करो। मन तो करता है सुना डालें इनको कि जिस दिन अपनी दमड़ी लगाकर फ़ैसले, इज़्ज़त, शौक़, आराम, आज़ादी, बहादुरी, सुरक्षा, स्थायित्व ख़रीदकर बिना लजाये, घबराये, अकबकाये, पछताये इस्तेमाल कर लोगी उस दिन बात करना। समझी न।

हाय राम! वैसे हम बतातीं किसी को नहीं पर अन्दर–अन्दर हमें भी शौक़ उठता है रोज़ बनी–ठनी घर से निकलने, कमाने जाने का। पर एक तो हम ठहरीं हरदमख़याल दूसरे घर पड़े–पड़े अक्ल को जंग और सर्टिफिकेटों को सीलन लग गयी है कसम से। वरना तो हम भी कभी औरतें थीं काम की।

हमारी जेब को अब हाजते रफ़ू क्या है ?

हिन्दुस्तानी घरों में अक्सर बोला जाने वाला और अक्सर अनसुना किये जाने वाला वाक्य है–"सबने मुझे मेड समझ रखा है।" यह वाक्य दरअसल औरतों की ख़ुद को दी गयी ख़तरनाक डिस्ट्रेस कॉल होता है।

अपने पर होने वाले जुल्मों के बदले में अपनी कामवालियों पर सितम ढहाने वाली औरतों के मुँह से निकल जाने वाला जलता जुमला है यह। पर यही जुमला यकीन दिलाता है कि वो सुबह कभी भी आ सकती है जब अलग–अलग माली तबकों की औरतें स्वजातीय चेतना से भरकर एक पाले में खड़ी मिलेंगी। फ़िलहाल तो उस पर्दे का गिर जाना भी बहुत बड़ी बात होगी जिसकी वजह से घरेलू मज़दूरिनों यानी पत्नियों को मालकिन होने का वहम हुआ रहता है। जिस पर्दे की वजह से वे अपने को असल मालिक का को पार्टनर समझकर कामवालियों को बेरुख़ी से क़ाबू किया करती हैं। जिस पर्दे की वजह से दोनों एक ही मालिक के तहत दो अलग ओहदों पर बतौर कामगर होती हैं। पर यह होते हुए भी पत्नी और नौकरानी अपनी मशक्कत की हिमायत में मज़बूती के साथ और एक–दूसरे के साथ नहीं खड़ी हो सकतीं।

ग़ज़ब होगा वो दिन जब–''मेरी ज़िन्दगी एक बाई से कम नहीं'' वाले दुख की वजहों का पता पड़ते ही घरवालियों को कामवालियों से बहनापे की ज़रूरत और अहमियत का भी पता चल जायेगा। बहुत मुमकिन है कि देश के माली निज़ाम में करोड़ों औरतों की पगार और योगदान के सवाल पर घर–बाहर में बड़ी मारामारी मच जाये।

दुनिया की मजूरिनो एक हो जाओ!

आर्थिक आत्मनिर्भरता के अभाव में हम जो सबसे क़ीमती चीज़ खोती हैं, वह है ख़तरे उठाने और ग़लती करने का अधिकार। कमाइये ताकि साधिकार ग़लतियाँ कर सकें। और ग़लतियाँ होने के ख़तरे में पड़िये ताकि कमा सकें।

सेकस्थ सेंस

क्लेशन कहीं की कालजयी क्लीवेज

जिस जमात में लड़की की सीरत से ज़्यादा काम की चीज़ क्लीवेज मानी जाती हो। जिस जमात की औरतों का आधा बचपन क्लीवेज संवर्धन में और आधी जवानी क्लीवेज संरक्षण और एहतियातन प्रदर्शन की जुगत में ज़ाया जाती हो। उस मुल्क में वक्ष–व्यवस्था कम नहीं वर्ण–व्यवस्था से। है क्या?

क्लेशी क्लीवेज

हमारे यहाँ क्लीवेज भी एक शै है और उसका दर्शन भी एक काम है। क्लीवेज यानी सेक्सालु फन्तासियों के अन्धड़ में भटकती मर्दाना नज़र की पसन्दीदा मंज़िल। आशिकों के ग़म ग़लत करने की कोमल कोटर और कुटीर। आवारा कामनाओं की फिसलनबाज़ी के लिए पब्लिकली उपलब्ध रसीले रपटीले स्लोप्स। कल्पना की रस्सी पकड़ वासना के गोते लगाने को बनी घाटियाँ। मुट्ठमारों, बेचारों सुकुमारों के लिए आरामदायक डेली डोज़।

क्लीवेज दर्शनीय चीज़ है तो स्तन स्पर्शणीय माल। क्लीवेज सहज सुलभ है तो आदर सत्कार बिगाड़े बिना भी ताका–झाँकी जा सकती है। पर स्तन के स्पर्श के लिए अतिरिक्त प्रयास लगता है। क्लीवेज रास्ता है तो स्तन पड़ाव। क्लीवेज उलझाव है तो स्तन समाधान। क्लीवेज चरण है तो स्तन वरण।

क्लीवेजार्थी जानता है कब–कहाँ–कैसे इस ज़नाना दर्रे का दर्शन–लाभ उठाये। क्लीवेज जो बहनों–बेटियों की दिखे तो वो करमजली। जो सरे राह चलतियों की न दिखे तो वो 'बड़ी आयी'। एवरेज देसी ब्वॉय को दिन में पाँच–दस क्लीवेज न दिखें और दो–चार जोड़ी स्तन दबाने के मौक़े न पड़ें तो जीवन और जवानी दोनों पर धिक्कार। चलन के अनुसार चौका–बासन निपटाती अपनी माता–बहनों की दयनीय दरार की ओर देखने वाला कहाये गुर्गज़ादा। जो कोई

जन बस बीवी माशूका की दरकी दरार ही देखने का प्रण लिये हो वो कहलाये नीरस एकाहारी। शुद्ध शाकाहारी। हाँ तो जनाब क्लीवेज का प्रथम दर्शन यानी आदर्श मर्द को काम–मार्ग पर चलने का उत्प्रेरण। आदर्श मर्द यानी इस घरघुसरी लकीर के दुपट्टों–पल्लुओं से बाहर झाँकने की वजहों का पारखी ही नहीं जनक भी। जी हाँ वही लकीर जिसका फकीर बना जाता है। जैसे विषुवत रेखा धरती को दो बराबर हिस्सों में पाटती है वैसे ही क्लीवेज का काम हुआ–औरत के जिस्म को एहतियात से खण्डित करना। एक पूरी साबुत औरत किसी काम की नहीं। दो फाँक होकर मुकम्मल कैसे कहलाया जाये, यह औरत बेहतरीन तरीक़े से जानती होती है।

ब्रा बरी क्यों करी

क्लीवेज की कामुकता का मुल्क की अर्थव्यवस्था से लेना–देना है सीधा। मध्यवर्गीय भारतीय क्लीवेज। एकदम बकवास। नकली और उबाऊ। जतन से छिपायी गयी, जतन से जतायी गयी। एकाध इंची के बाद नज़र से ओझल। जो कभी ज़्यादा लम्बवत दिख जाये तो बोझल। मध्यवर्गीय नार की क्लीवेज का कायर प्रहार। मतलब दर्शक की कल्पना पर रहेगा सारा दारोमदार। इनका रस लेना हो तो करो सिने सुन्दरियों या पॉर्न देवियों की क्लीवेज को याद। तब जाकर लपलपायेगी जीभ।

मध्यमवर्गीय क्लीवेज के उदय के कारक बड़े आम होते हैं। जैसे भैनजी की अक्सर ग़लत नाप की सस्ती ब्रेज़ियर। भाभीजी की 'भैया ब्लाउज़ थोड़ा और टाइट कर दो कहकर मजबूर किया गया दर्ज़ी। आण्टीजी के आँचल और छाती का कुछेक सैकेण्ड का नकली बिछोह। हसीनों का सीनों पर बिला हथेली जमाये नीचे को झुकना–वुकना। आदि।

निम्नवर्गीय ज़नाना की क्लीवेज–रेखा गरीबी–रेखा के सीधे असर में होती है। सो उदित होने से पहले ही अस्त बेचारी। किसी ज़नाना ठठरी पर ग़लती से रह गये मांस के भरोसे बनती भी है तो बेआब बेनूर। दिखती रहे तो भी कौन देखे। पसीने से तर–बतर। कुचैले सीनापोश में दो छपाकियों सी छातियाँ। दोनों कभी दायें कभी बायें। कभी तितर कभी बितर। दो फुसफुसे गुब्बारे। बीच दरार में पड़ी चिकनाई में लटकती काली कण्ठी। मालकिन के थोपे बेनाप ब्रेज़ियर की ता–तार तनियों का कहर। न ढापने की सुध न उघाड़ने का सलीका। न उछाल न उबाल। एकाध साल की छोट–बड़ाई के दुधमुँहों की भूख बुझाने वाली। थकेलियाँ। ये नहीं कि कभी–कभी दूध से फूलकर ही आपस में जुड़ जायें, धधकती दरार बनायें सवाल ही नहीं।

आजकल की क्लीवेज पूरी तरह पछाही अवधारणा। अपने जैसे पूरब देश में इस दर्रे के कोई नामकरण की किसी को कोई फ़िक्र ही नहीं। नाम उन लोगों का दिया पर काम इसका सारा हमारे देश में। बाहर देश की औरत क्लीवेज–कार्विंग–कला में प्रवीण। रिफ्ट की नुमाइश में रिस्क नहीं। हद दर्जे की बेतकल्लुफ़। मरीज़ पर झुकी डॉक्टर हो या कमेटी–कक्ष में प्रोजेक्ट समझाती कर्मचारी। क्लीवेज को अतिरिक्त अंक या अतिरिक्त ध्यानाकर्षण नसीब नहीं। इतनी दिखेंगी। इतनी आम दिखेंगी, ब्रा विहीनता के चलते नहीं भी उभरेंगी। या दिखेंगी तो पूर्णरूपेण दिखेंगी कि देखने वाले का मज़ा ही किरकिरा। मैडम प्लीज़! इधर पूरब के जेण्ट्स लोग को लुकाछिपी चाहिए। फुल फ्लैट दिखनौट नहीं।

हया की देवियो! फिरंगनो से नहीं तो अपने यहाँ की अमीरज़ादियों से सीखो क्लीवेज परोसना। दर्रा दिखाने का असली फन और हौसला वहीं मिलेगा। दर्शन में तने हुए और स्पर्शण में गुदगुदे बनाने की क्रीमें लो। फोके हैं तो सिलिकॉन ठुँसवा लो। भारी है तो चर्बी निकलवा लो। हवानुची थैली है तो सर्फेस टेंशन का टीका लगवा लो। और ये

लो तैयार हो गये मरमरी गोलाइयों वाले सेक्सी स्प्लिट। यानी यौन तहज़ीब सीखकर अपना अदब करवाने में उनका सानी कोई नहीं।

एक अपन लोग हैं। जिस जमात में सेक्सी स्प्लिट का झलकना वस्ल–ए–जाम का न्यौता माना जाता हो। जिस जमात में क्लीवेज की सही नाप–जोख, सही तोल–मोल से दिखलाने की कला औरत की लेबलिंग का पैमाना हो। जिस जमात में क्लीवेज–दर्शन की मर्दाना तकनीकों की खाती–पीती परम्परा हो। जिस जमात में लड़की की सीरत से ज़्यादा काम की चीज़ क्लीवेज मानी जाती हो। जिस जमात की औरतों का आधा बचपन क्लीवेज संवर्धन में और आधी जवानी क्लीवेज संरक्षण और एहतियातन प्रदर्शन की जुगत में ज़ाया जाती हो। उस मुल्क में वक्ष–व्यवस्था कम नहीं वर्ण–व्यवस्था से। है क्या?

चल हट्ट! क्लेशन कहीं की कालजयी क्लीवेज।

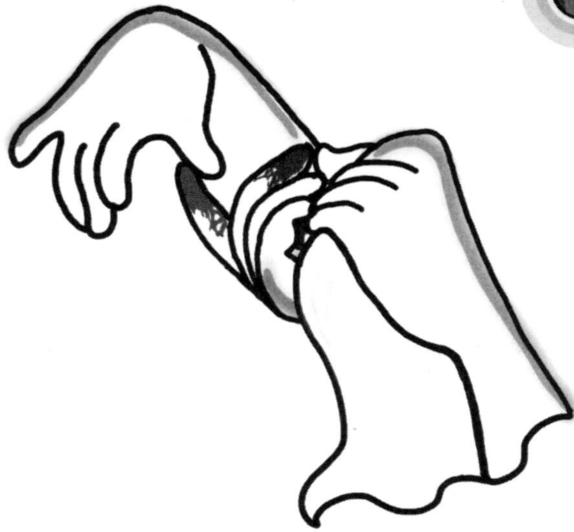

किसी एक बदकिस्मत दिन अपनी देह के साथ अनहोनी घट जाने के डर में तमाम उम्र महफ़ूज़ होकर बैठना गवारा नहीं मुझे। बाहर सौ बहेलिये हज़ार तूफ़ान हो सकते हैं। पर एक आशंका के साये में मैं अपनी तमाम सम्भावनाओं को ज़ाया नहीं कर सकती। बाहर की दुनिया में मेरा किसी मुकाम पर पहुँचना तय नहीं भी हो सकता पर सुनहली कारा के अँधेरों में खो जाने का अंजाम ज़रूर तयशुदा है।

ड्यूटी विद ब्रेन

साहेबान जब भी मैं वर्टिकली उठना चाहती हूँ आप उसकी एवज़ में मुझसे हॉरिजेंटल होने की निहायत बेवकूफ़ाना उम्मीद किया करते हैं। देखिए आप अपनी कुर्सी की गोद में अपना पिछवाड़ा धँसाए एकदम लकड़बग्घे मालूम पड़ रहे हैं। अरे रे रे!! आपकी काइयाँ नज़रें अपने शिकार की हैसियत तोलते हुए बीच–बीच में भैंगेपन का शिकार हुई जा रही हैं। कुर्सी की तबीयत ही ऐसी होती है कि स्त्रीलिंग होते हुए भी पुरुष के मर्दानेपन को जमकर उकसाती है। चश्मे के बुलेटप्रूफ बन्धन से फ्लर्ट करती आपकी नज़र मेरे लबों से गर्दन और गर्दन से फिसलते–रपटते सीने के उठान पर कोई एक रसीला बिन्दु पकड़कर वहीं टिकना चाह रही है। नहीं जनाब कामकाजी औरतें अपनी छाती, नाभि और रानों के बीच की कन्दरा को घर में ही भूलकर नहीं आ पातीं। यकीनन यह उनकी ग़लती है। इसलिए आप जैसे चिड़ीमार को मजबूरन उनकी देह की बगिया में चहलक़दमी का हक़ हासिल हुआ जाता है।

बरख़ुर्दार औरत हूँ सो जिस्म के हर अंग को अपने बचाव के लिए एक–एक आँख एलॉट हुई है। चौगिर्द तैनात एक कुदरती स्कैनर। वरना आपको क्या लगता है देहलीज़ से बाहर मँडराती औरतों के जिस्म आपकी मेहरबानी के चलते महफ़ूज़ होते हैं? देखिए जैसे कुदरत ने आपको वारदात के लिए आदर्श शिकार, आदर्श मौक़ा, आदर्श स्थान

पहचानने की अक्ल दी। वैसे ही हम निरीहों को शिकार बन जाने की आदर्श वजहें, आदर्श मजबूरियाँ, आदर्श बहाने बख़्शे। अब उसी कुदरत ने शिकार न हो जाने की आदर्श वजहें, आदर्श सीखें, आदर्श तरकीबें अता कीं।

सेक्सान्धता रोग नहीं राजभोग का साइडइफ़ेक्ट है

अब देखिए जनाब कामकाज की जगहों पर छोटे–मोटे हादसे तो होते ही रहते हैं। जैसे ठीक इस समय अपने काम की रिपोर्ट करती हुई मुझ मातहत का सामने पड़े काउच पर सर्व हो जाना आपके लिए आज की दफ़्तरी का सबसे बेहतरीन लम्हा हो सकता है। आप ओहदे में ही नहीं कल्पना में भी मुझसे आगे हैं। आपके ज़ेहन को पढ़ूँ उससे पहले ही आप अपनी सेक्सान्धता का दामन पकड़े और आगे बढ़ चुकते हैं। आपके नथुने मेरे बदन के डियो को नसवार की मानिंद सूँघने में फड़फड़ाए जा रहे हैं। आप अपनी तीसरी दलित टाँग को हवा खिलाना चाहते हैं। पर हालात का जायज़ा लेने तक एहतियातन बाक़ी की दोनों टाँगों का सिपहियाना इस्तेमाल करे जा रहे हैं। पर अपनी जल्दबाज़ी से शिकार का गुरूर बढ़ाने से बचने के लिए सहज दिखना चाह रहे हैं। सो बस एक पर चढ़ी दूसरी को हिलाने की जुगत अपना रहे हैं। पहियेदार कुर्सी के दायें–बायें कोनों में रिवॉल्व कर शिकार के कोने–कोने का जायज़ा लेने वाले आप हैं बहुत मासूम शिकारी।

...ओह सर नहीं। अभी नहीं। यहाँ नहीं। ऐसे नहीं। इतना नहीं। बाद में। आज इतना ही। यह ठीक नहीं। इतना ही ठीक है। अजी आपके मातहत काम करने वाली कितनी ही गुमाश्ताओं ने निगाहों–निगाहों इनमें से कुछ कहकर आपकी अय्याश नसों को इन्द्रधनुष की चाप की तरह तनने की वजहें दी होंगी।

हमदर्दी पूरी है आपसे। आपकी जिंसी तर्बियत!। घर–दफ़्तर–सड़क–बाज़ार–मॉल मेले में कहीं भी यह नाक़ाबिले एतबार औज़ार अपनी औकात पर आकर आपको दिक कर सकता है। आप कितना ही अपने उन्नत दिल–दिमाग़–उसूल के धागे से इसे कसकर नीचे को जकड़ना चाहें पर इसकी अकड़ पर कोई असर नहीं। वो क्या है न हमेशा एट ईज़ से रहने के कारण यह चर्बी और चन्द नसों का पोटला आपके हर बहाने को सर के बल खड़ा कर देता है। आप इसको कितना ही दलीलें दो इस दमित को। डराओ। धमकाओ। शिकंजे में कसो। एक बार इसने सर उठाना चालू किया तो दफ़्तर की टेबल से बाथरूम के दरवाज़े तक जाने में भी आफ़त कर सकता है। सर नहीं मेरी जिंसी ज़रूरतें हैं ही इतनी कि शौहर के बिस्तर पर ही तमाम हो जाती हैं। औरत का जिंसी इल्म दमपुख़्त की तरह मद्धम आँच पर सिझाया गया होता है। हर ऐरे–ग़ैरे को यकीन होता है कि वो हाँडी का ढकना हटाकर लजीज़ ख़ुशबू से अपने नथुने भर ले सकता है।

बेचारियों के सेक्साचारियों सुनो बे!

मैं, आप और सारी कायनात जानती है कि पेशेवराना औरतें भी गर आदमियों की शहवतपरस्ती से मुक़ाबिला करने बैठ गयीं तो दफ़्तर–कम्पनी–मुल्क की आर्थिक हालत लँगड़ी कुतिया से भी बदतर हो सकती है। जो पेशेवर औरतों की कामुकता भी ज़ोर मारने लगे, जो वे भी कुर्सी की ताकत पर मर्दों का मर्दन करने लगें, तो कामकाज की जगहों पर काम की जगह सेक्साचार का नंगा नाच न होने लगे। आपको यकीन है ये सब कभी होना नहीं और न आप होने देंगे कभी। घरेलू बिस्तर के दायरे के बाहर वे यौन–अचेतना से भरी रहें। कामनाओं और कामुकता से शून्य बस एक उत्पादन करने वाला यन्त्र

भर बनी रहें। इसी में आपकी, कौम की, मुल्क की भलाई है। बन्दी सेक्स का सामान भर हो। ख़ुद असेक्सुअल हो। जानती हूँ न मैं!! मर्दानी हवसपरस्ती की बराबरी में ज़नाना लस्ट का आना वैसे ही है जैसे धधकती हुई आग की सारी ऑक्सीजन रोक लेना। मातहत औरतें बस बेआरज़ू जिस्म हों। अब इस जिस्म से चाहे आँखें सेंको। चाहो तो ओढ़ो–बिछाओ। ज़रूरत हो तो कुलाबा की तरह इस्तेमाल में लगाओ। है न?

आपकी लिंगपरस्तिश आपको मुबारक। मुझे अपनी वर्टिकल लिमिट्स का अन्दाज़ ही नहीं गुमान भी है। दुआ करूँगी कि आपकी शंकालुता सेक्सालुता को सुकून मिले। दुआ है कि जल्द आप अपनी इसी ख़ुशफहमी से आज़ाद हों कि औरतें हैं–

हॉरीजेंटली आपकी

डियोकारा

जैसे दूध, बताशे, लोरी के बिना बचपन बेचारा होता है वैसे ही डियो–वियो की महक के बिना जवानी अधूरी मानी जाती है। डियो एक तरल पदार्थ जो बचपन की कमली कमान से तीर की तरह छूटी जवानी को किसी न किसी कामात्मक मुकाम तक ले जाके मानता है, जो प्री युवावस्था में क़दम रखते मन्द बुद्धि बालकों तक को न्यूटन के गुरुत्वाकर्षण के नियम का डैमो देने के काम आता है। डियो जड़ जवानी का स्टार्ट अप है और जो फ्री स्टाइल जवानी को सद्‌गति दिलवाता है। किसी मुल्क में मर्द–औरत के रिश्ते की ख़ूबसूरती को जानना–समझना हो तो वहाँ के डियो की मशहूरियों का मनन–सेवन ज़रूर कर लेना चाहिए।

डियोशाला : हट्ट साला

डियो यानी आदर्श बदबू–विनाशक। बदबू जो कि या तो स्नान के अभाव में आती है या स्नान के उपरान्त श्रम के सीकरों से आ सकती है। पर जनाब डियोधारी नायक को श्रम करना नहीं पड़ता और श्रमशील नायक की जेब में डियो–वियो के पैसे अक्सर होते नहीं। अब जब डियोधारी को देखकर लगता है बस सीधे गुसलखाने से निकला है और मेहनत–मजूरी उसके बस की है नहीं। फिर वह क्या वजह है जो नायक को पार्टी करती हसीनाओं के रेले में, लिफ़्ट में, बॉस के केबिन में डियो विहीन होकर घुसने से रोकती है। हो सकता है ऐड के नायक को अटेंशन डेफिसिट डिसॉर्डर हो। या नायक प्ले ब्वॉय पत्रिका के नियमित सेवन के कारण बन ही ऐसी तर्बियत का गया हो कि हसीनों के दिलो जिगर में घुसपैठ किये बिना उसे चैन ही न पड़ता हो।

'घर से निकलते ही, कुछ दूर चलते ही, हसीनों का मजमा देखते ही, जेब से डियो निकालकर बदन पर छिड़कता तड़कता–भड़कता नायक हमको तो बहुत बेचारा और आत्महीनता का मारा लगता है। वैसे अपन की इस तंग सोच के पीछे जाके पैर न फटी बिवाई सो क्या जाने वाली बात भी हो सकती है। अब देखिए न 'मरवा के मानेगी' और 'करवा के मानेगी' टाइप बेबियों के उफनते हुस्न के आगे बेहथियार कूद जाना समझदारी तो है नहीं। फ़ायदा क्या कि नायक अपने ज़रूरी काम छोड़कर छोकरीबाज़ी करने को जाये भी और कोई जनी उसकी तरफ़ झाँके भी नहीं। देखिए जी जिसने भी डियो–धर्म का पालन किया हुआ हो फिर चाहे वह कैसा भी सही। ऐसे गुणी नायक पर बेबी लोग चुम्बन वर्षण से लेकर बदन–घर्षण तक सब कर गुज़रेंगी। ज़रा सोचिए कि काम–धन्धा छोड़कर आया

कौन सलीकेदार बन्दा बर्दाश्त करेगा कि वह होटलों की लिफ़्ट में घुसे तो पेंसिल पतली सुन्दरी उसको नज़रबाहर कर दे। शराब–शबाब पार्टी में वह घुसे तो तन्दूरी मुर्गियों के नथुने में हरकत तक न हो। 175 में 200 स्प्रे की लूट पर इतराने वाले हिसाबफ़हम नायक की साध ही एक थी बचपन से। जवान होकर जबर वाला मालज़ादा बने और ज़्यादा से ज़्यादा हुस्नज़ादियाँ भँवरी बन उसके जिस्म पर दिन–रात चूमा–चिपटी करें।

डियो ने बनाया हमें सपनों का मालिक

ख़ैर हमको क्या। अपन तो इन मशहूरियों से एक ख़ुशहाल भारत की मुकम्मल तस्वीर देख के ही मस्त। ऐसी तस्वीर जिसमें बच्चे, बूढ़े, बदसूरत, काले, बीमार हैं नहीं। जहाँ लिंगानुपात ऐसा कि एक–एक लड़के के ज़िम्मे बीस–बीस लड़कियाँ रजाना है। जहाँ सभी ज़नाना अति जवान, अति कृशकाय, अति सुन्दर और अति नियन्त्रणशील हैं। जिनकी सूँघने की ताकत मिलिट्री दस्ते के खोजी कुत्तों से भी ज़्यादा तेज़ है। समानता इतनी कि सब का जिस्म एक नाप का, रंग एक शेड का और अदाएँ एक ही प्रकार की हैं। सूँघते के साथ काटने–झपटने की प्रतिक्रिया इतनी त्वरित मानो पावलोल ने 'स्टिम्युलस प्लस रेस्पोंस थ्योरी' इन्हीं मशहूरियों को देखकर बनायी हो। आधुनिकता के साथ नियतिवाद का अनोखा संगम देखिए जनाब। ये हुआ लिफ़्ट में डियोधारी एकल छोकरा सवार और अगली मंज़िल पर ये खड़ी लिफ़्ट के दरक़ते द्वार पर खुल्ले विचारों वाली कृशकाय एकल कन्या। ग़लती से भी मोटी–काली, पकेली–थकेली और बन्द विचार वाली नहीं।

मैं तो कहती हूँ यही है हमारे सपनों का देश। ख़ुशहाल भारत जहाँ गरीबी की झिकझिक नहीं। स्वच्छ भारत जहाँ पसीने की बू नहीं।

समतापूर्ण भारत जहाँ सभी एक बराबर उजले–पतले और खेलने खाने वाले हैं। जवान भारत जहाँ कोई बुद्ध की तरह 'देखी मैंने एक ज़रा' कहकर घर–त्याग कर वन को निकलने को मजबूर नहीं। बेटी–प्रेमी भारत जहाँ कृष्ण की मुरली की धुन के बजाय डियो की मांसल सुगन्ध से बेटियों को लोक–लाज तजने की फुल परमिशन हो। क्रान्तिकामी भारत जहाँ कामुकता के पब्लिक डिस्प्ले करने वालों को बजरंगियों–करणियों के डण्डों का भय न होता हो। अति–आधुनिक भारत जहाँ डियो की मादकता में सराबोर कन्याएँ छोरों को साबुत ही गड़प लेती हों। 'महिला पहले' वाला भारत जहाँ नानावादी झक्की शर्मीलियों के बजाय हाँ–हाँकार करती कामिनियाँ हों। आज़ाद भारत जहाँ की युवा–शक्ति कुल–गोत्र से ऊपर उठकर केवल घ्राणेन्द्रिय की सुनते होवें।

साधो ये डियो का दाँव ...साधो!

उनके अहम् के लिए मेरा हुक्म पाबन्द होने से ज़्यादा हुक्म पाबन्द दिखना ज़रूरी था।

इसलिए मेरे लिए विद्रोही होने से ज़्यादा अहम् विद्रोही दिखना हो गया है जनाब।

ओम इदम् फ़ेवराय नमः

माना कि हम हैं परकटी, बलकटी, नकचढ़ी, मनचली, सिरफिरी, चिड़चिड़ी। पर आप भी चिड़ीमार कम नहीं। अँगुली पकड़कर गला पकड़ने के पुराने उस्ताद आप भी कम नहीं। ज़माना कितना मर्ज़ी खूँख्वार क्यों न हो दफ़्तरों में औरत–मर्द कोऑपरेशन चकाचक चलता रहता है। आपके स्पेस, आपकी हुकूमत, आपके कामकाज में नाक घुसाने वाली औरतों पर आपके एहसानात के रेट तय हैं। बस औरतें ही काम की एवज़ में उचित भुगतान करने में कोताही दिखाकर आपका 'वो' बना कट लेती हैं।

किस फ़ेवर के बदले बस मुस्कुराने से चलेगा। किस फ़ेवर के बदले आलाकमान के केबिन में एक्स्ट्रा लांग सिटिंग देनी पड़ेगी। किस फ़ेवर के बदले गाड़ी में बैठकर रानों पे, काँधों पे हाथ फिरवाते हुए कॉफ़ी पीने जाना पड़ेगा। इसकी अकल और हौसला होता नहीं और चली हैं काम करने।

फ़ेवर की आदर्श परिभाषा

–काम के प्रकार/दफ़्तर के प्रकार/औरत के प्रकार/मौक़े के प्रकार? गरज़ के प्रकार (दोनों ओर की) पर निर्भर हुआ करती है।

आदर्श फ़ेवरहीनता के लक्षण

हाफ डे, कैजुअल लीव से लेकर सी.सी. एल. तक में तकनीकी अड़ंगा। वजह पूछो तो पंगा।

आला हुक्मरान लोग का हमारे द्वारा उनकी बुराई की अफ़वाहों पर यकीन जताना।

बॉस द्वारा ऊँची–आड़ी–तिरछी ज़बान में तंज़िया तेवरों के साथ बात किया जाना।

सम्बोधन वाले "मैडम" से अतिरिक्त खींचकर या होंठ चबाकर बुलाया जाना और मैडम के पीछे अरे मैडम, हाय मैडम, जाओ री, आयीं बड़ी का गुप्त स्वर सुनायी देना।

आते–जाते बुदबुद–फुसफुस सुनायी देते रहना।

काम करने की कुव्वत को लेकर अचानक बुरी राय जताने लगना।

फ़ाइल में ग़लतियाँ लगकर केबिन से लौटने लगना।

मीमो–शीमो, शो–कॉज़ थमाया जाना।

साथी कामगरों की सहानुभूति का दो–फाँक हो जाना।

तिल जैसे मुद्दे का ताड़ बनते जाना।

गुडफेथ में बताई गयी मजबूरियों, तकलीफ़ों का मज़ाक उड़ते पाया जाना।

ज़बान रूपी पंचिंग मशीन से चरित्र की चिन्दियाँ किये जाना।

समझौता करना चाहो तो शर्तों का टफ़ होते जाना।

जिसे वे 'सेक्स कमेटी' या कभी–कभी 'कमेटी फॉर सेक्सुअल हैरास्मेण्ट' कहते हैं के मेम्बरान का शिकायत के बुरे अंजाम समझाने लगना।

ख़ुद फँस जाने की वॉर्निंग देने लगना।

जातीय एंगल, ग़लत इरादा जैसे इल्जाम लगने लगना।

बाक़ी दफ़्तरियों को अपनी–अपनी कारस्तानियाँ याद आने लगना और अपने लिए डर और कुसूरवार के लिए सहानुभूति की घटा का घनघोर होते जाना।

घरवालों तक मामले की भयानक रपट हाथ लगना और उनके द्वारा हौसला तोड़े जाने की कवायद चालू होना।

नींद–अमन–चैन–हिम्मत हवा होना।

मामले का चेहरा एसिड सर्वाइवर का चेहरा जैसा होने लगना और उसकी प्लास्टिक सर्जरी का ख़याल तक नामुमकिन लगने लगना।

फ़ेवर से पहले कुछ नहीं था...

गुज़ारिश है आपसे कि आप अपनी सभ्यता और रवायात की मय्यत अपने काँधों पर ढोने को राजी हो जायें। मेरे कन्धों, मेरी ज़ुबान और मेरी देह पर 'नहीं' का पुराना लबादा ओढ़ाकर मेरे सफ़र को बोझल बनाने की सोच से किनारा कर लें।

हाँ नहीं तो!!

खाप सीढ़ी और सेक्स

हज़ार दफा अफ़सोस करती हूँ पर आपको नाज़िर बना लेने की अपनी आदत से बाज कभी आती नहीं हूँ। जी बिल्कुल ठीक कहा आपने। आपकी निगहबानी में इस वक़्त वो और मैं इस कमरे में मौजूद हैं। मैं अपने जिस्म, दिल, दिमाग़, रूह, सीख, रवायत के साथ। और वो निहायत निहत्था और अकेला। नहीं! अन्दाज़ से नहीं! न ही चमकीले पर्दे की तारिकाओं के हिसाब से ! आप मुझे अब तक जितना जानते आये हैं उस लिहाज से बताइये कि जब ये सलोना शख़्स मुझे चूमने की तमन्ना लिए मेरी ओर बढ़ेगा तब मैं क्या करूँगी। जनाब दस में से नौ दफा मैं चाहूँगी कि वो मुझे बस चूमना चाहे पर चूमे नहीं। छूना चाहे पर छुए नहीं। चाहे पर बढ़कर जताए नहीं। पर हर बार के उस दसवीं दफा के अपने 'हाँ' को लेकर मेरी वहशत आपसे छिपी कहाँ है।

ओह सचमुच वो अपनी जगह से उठकर मेरी ओर बढ़ रहा है। जवाँ मर्द–औरत और महफूज़ मौक़ा। एक–दूसरे के लिए नापसन्दगी भी नहीं तब भी कुछ भी न होना। उसके हिसाब से यह हैरत की और अव्वल दर्जे के बोदेपन की निशानी है। मेरे लिहाज से परीक्षा से गुज़रकर जीता हुआ तमगा। हर सुबह की तरह आज भी एक मुकम्मल और मज़बूत हाँ को रूमाल की तह में जेब में रखकर निकला होगा वो। मर्द के लिए ऐसे हर मौक़े का अंजाम उसकी किस्मत के अच्छा या बुरा होने भर पर निर्भर हुआ करता है। पर हर दूसरी औरत की

तरह आज भी मैं बीवी की पदवी का भार बटुए में और पति और उसकी सिगरेट की महक अपने बदन पर लपेट कर निकली हूँ। नहीं और पास नहीं। तुम्हारा एक साइकेडलिक चुम्बन मेरी आगे की ज़िन्दगी को तहस–नहस करने को काफ़ी होगा। देखो एक हैप्पिली मैरिड औरत को अपनी टटोलती निगाहों और अधखुले जबड़े से तकने की जुर्रत करते हुए यह जताना चाह रहे हो कि जितने के वह क़ाबिल थी उससे कम मिला है उसे। यह सरासर बेकायदगी है कि उसकी पाकीज़ा 'ना' को अपनी ज़ोरे निगाह से हामी समझने की जल्दबाज़ी दिखाओ।

नाज़रीन! मर्दानी कामुकता से लबालब कायनात की सुरक्षा की गारण्टी यही 'ना' है। कौन नहीं जानता कि दो 'हाँ' मिलकर इस पवित्र धरती को कैसे दोज़ख में तब्दील कर सकती हैं। आपकी तर्बियत कहती है कि हाँ या तो किसी निम्फोमैनिक जनानी की होती है या फिर बस रण्डियों की। रण्डी की ज़ुबान की 'ना' उसका धन्धा बिगाड़ दे और कुलीना की 'हाँ' उसके ज़मीर और ज़ात का बेड़ा गर्क कर दे। अगर मैं एक शाइस्ता औरत हूँ तो पति के बिस्तर पर मेरी ना हमबिस्तर की हरकतों में इज़ाफाकारक हुआ करती है और पराये मर्दों के लिए 'सावधान! इस जिस्म में एक पाकीज़ा औरत रहती है' का चेतावनी–बोर्ड।

देखिए आप कृपया दूरी बनाये रखिए और जब्र भी। आपको घनघोर गफ़लत यह हुई कि मेरी आँखों की यह चमक और डोरेबाज़ी आपके लिए या केवल आपके लिए है। आपको इस तरह का कोई अख़्तियार नहीं कि आप एक नये ज़माने की नयी औरत के ख़ुशपोश बदन पर उचकी नज़र डालें या उसके लाली भरे लबों और गालों को अपनी मिल्कियत मान बैठें। आप क्यों मुझसे यह इल्तिज़ा करवाना चाहते हैं कि प्लीज़ डू नॉट टच मी। आप कैसे इस गुमान में हैं कि कोई औरत जिस्मानी नुमाइश और रंगरोगन से सजी है तो उसके

सम्भावित ग्राहक आप ही हैं। जनाब ग़लती औरतजात की ही है। घरों, रास्तों, दफ़्तरों तमाम तरफ़ बुझी आँखों और अरमानों वाली ज़नाना देखने के बाद नटखट नज़र से, ख़ुशबू से, अदा से दहकती औरत सर से पाँव तक खुला न्यौता दिखने लगती है आपको।

ये 'ना' सस्ता नहीं है

ओह आप कब उठकर मेरे पहलू में इतनी सटकर आ खड़े हुए मुझे भान ही न हुआ। आप क्यों नहीं यह अन्दाज़ लगा पाते हो कि किसी औरत की जिस्मानी ख़्वाहिशें आपको किन हदों तक जाने की इजाज़त दे रही हैं। उफ इन तपिश भरी साँसों से मेरे जुनून को हवा आप दे नहीं पायेंगे। हमारे बीच से जाती इस विषुवत रेखा को देख रहे हैं न आप। उस ओर शफ्फ़ाक हंसों के जोड़े विहाग में डूबे हैं, इस ओर संगीनें, ज़ंजीरें और सलाखें। मेरे लबों पर हर बार हाँ आकर तफ़रीह कर लौट रहा है। और पाजी ना एक प्रीरिकार्डिड पार्श्व स्वर की मानिंद मेरे कानों में बज रहा है। यहीं और इसी वक़्त ठहर जाना होगा इन सरगोशियों को। मेरे जिस्म के ज़र्रे–ज़र्रे से आवेश की कँपकँपी ज़ाहिर हुई जाती है। शायद मैं चाहती हूँ कि बस चूम लेना था या बस गेसुओं को प्यार भरे अन्दाज़ से सहलाते हुए देखना था और सज्जनता से एक बालिश्त पीछे सरकाकर मेरे हुस्न का इस्तक़बाल करना था। तुमने बेतहाशा चूमी जाती औरत को अपने सीने के दबाव तले ऐसे ही कसमसाते पाया है। अपनी हथेलियों के शिकंजे में कसी ज़नाना अँगुलियों को मर्दाना गिरफ़्त से छूटने को कसमसाते 'ना' 'नहीं' 'नो' की झड़ी लगाते पाया है। रेप और रति में इस 'ना' में थरथराते ज़नाना जिस्म से भड़कती है मर्दानी रवानी। सेक्सरत स्त्री का आदर्श व्यवहार। समझ सकती हूँ कि मर्दाने हाँ को हामी भरे जिस्मानी जवाबों से कैसी बदमज़गी होगी न। आदर्श सेक्स यानी

ज़ोराज़ोरी। शर्मीले शिकार की ना–नुकुर एक बढ़िया संचारी भाव। दम और दमन का रिदमिक कोम्बो।

ज़नाना 'नहियों' के नाना प्रकार

देखिए ऐसे नहीं। इतना वाला नहीं। यहाँ वाला नहीं। अभी वाला नहीं। आज इतना ही वाला नहीं। बिल्कुल नहीं वाला नहीं। कभी नहीं वाला नहीं। कतई नहीं वाला नहीं।

ऊँचा वाला नहीं। धीमा वाला नहीं। मरियल वाला नहीं। याचना वाला नहीं। आवेश वाला नहीं। आदत वाला नहीं। अदा वाला नहीं। उकसावे वाला नहीं। आनन्द वाला नहीं। कामना वाला नहीं। कामावेग वाला नहीं।

आदि वाला नहीं।

मध्य वाला नहीं।

'मैं आई आई आई' वाला चरम वाला नहीं।

शुरुआती स्पर्श के 'नहीं' से लेकर दम्भी दमभरे झटकों पर 'मुझे लो' वाला नहीं।

इतने नहियों में कौन ना ना है कौन सा हाँ हाँ है?

इस हादसे के बाद तक। इस चारदीवारी से बाहर निकलने के बाद तक। आने वाले लम्बे वक़्त तक। मैं ख़ुद भी नहीं जान पाऊँगी। वाक़ये के घटने की ज़िम्मेदारी उठाने लायक नैतिक बूता नहीं मेरे में। ख़ुद को एक सम्भावित मतलबी मर्द के हाथों लुटा बैठने का ग़म सहने लायक बूता नहीं मेरे में। लौटकर शौहर की सरमायेदार नज़रों को सहने का बूता नहीं मेरे में। ज़माने की नज़रों से गुनाह छिपा जाने का बूता नहीं मेरे में। हो सकता है कि हादसे के वक़्त की हाँ भरी ना

में बाद में ख़ुद ही ना ही ना तलाशकर अपने को सुपुर्द–ए–हालात की मारी बेचारी मानना सेफ लगने लगे।

यकीनन नहीं वाला नहीं ही मुझे लम्बी पारी तक विजयनी बना सकता है। एक बार के हाँ भरे नहीं से हमेशा के लिए हारी हुई, चिढ़ाई जाती, शर्मिन्दा महसूस कराने की कुव्वत से उसे भर दूँ यह मुनासिब नहीं। उफ़ क्या ही सितम है कि मर्दाना जोश पर एक बार बाँध उठ जाये तो हर किनारा तोड़कर बह उठता है।

जबकि सीढ़ीनुमा खलिहान–सी है मेरी कामना।

एक–एक क़दम पर रुकना।

तोलना।

मापना।

परखना।

और चाहे तो नीचे उतर आना और हिसाब बैठे तो आगे को चढ़ना।

हाँ–नहीं–नहीं–हाँ की सीढ़ीदार पहलक़दमी।

तुम बस जिस्म हो।

मैं जिस्म–दिल–दिमाग़–रूह के सीखचों की क़ैदी।

हादसे 'ना' के हौव्वे 'हाँ' के

हे आदर्श दर्शको! मालूम हो कि आपका तमाम मज़ा मेरी ना पर ही टिका है। फ़र्ज़ कीजिए अपने हाथों ख़ुद ही बेलिबास होकर 'मुझे पाओ' की कामुक पहलक़दमी करती पायी जाऊँ तो सारा ड्रामा यहीं और इसी वक़्त अपना दम तोड़ बैठेगा। मर्दानी भूख के लिए ऐसी चुनौतीहीन देह मांसपिण्ड भर रह जायेगी। सारी सनसनी समाप्त। नखरीली नैतिकता भी उकडूँ बैठकर मक्खियाँ मारेगी।

ठहरिये जी! आप दर्शक कब से ड्रामे का रुख मोड़ने की कुव्वत पालने लगे।

मैं कहती हूँ बैठ जाइए अपनी–अपनी सीटों पर।

आप जज होंगे।

बाप होंगे।

पति होंगे।

प्रेमी होंगे।

अपने घर पर।

मेरे ड्रामे में आपकी हैसियत बेज़ुबान दर्शक की थी, है और रहेगी। आप मेरी हकपरस्ती की आड़ में मेरी निगहबानी करें और मेरी हिफाज़त के नाम पर मुझे 'नो मींस नो' का तोतापाठ रटवाने की हिमाकत न करें।

मेरी ना से पहले मेरी हाँ को मुझे ख़ुद पहचान लेना है।

गुज़ारिश है आपसे कि आप अपनी सभ्यता और रवायात की मय्यत अपने काँधों पर ढोने को राजी हो जायें। मेरे कन्धों, मेरी ज़ुबान और मेरी देह पर 'नहीं' का पुराना लबादा ओढ़ाकर मेरे सफ़र को बोझल बनाने की सोच से किनारा कर लें।

हाँ नहीं तो!!

मैडम अपने पति और ससुराल से परेशान रहती हैं।

अरे फ्रस्टेटिड लेडी है।

झगड़ालू नेचर है शुरू से इसका तो; हम तो कबसे जानते हैं।

ब्यूटी का घमण्ड है इसको।

किसी के भड़काने पर चल रही है वरना इसका न इतना दिमाग़ है न इतनी हिम्मत।

शक्की और डिप्रेस्ड है पर्सनल लाइफ़ में।

ख़ुद कइयों पे लाइन मारती है! तब कुछ नहीं होता।

औरत को जी औरत की तरह ही रहना चाहिए।

सोफेस्टिकेटिड बनके। चालू औरतें हमें नहीं पसन्द आतीं।

अजी ज़रा कुछ कह क्या दिया इसने तो बवाल ही मचा दिया, कौन–सा इसके ब्लाउज़ में हाथ घुसेड़ा था।

अजी वैसे तो बड़ा रस लेती है पर इस बार ऊपर चढ़ने के लिए बेचारे को फँसा रही है

अजी हमें पता है कैसे इसकी नौकरी लगी कॉम्प्रोमाइज़ कर कर के; आज सती सावित्री बन रही है।

यार इससे बचके रहना किसी पर भी केस कर सकती है ये तो

सीधे–सीधे नौकरी करे सबको ख़ुश रखे अपने घर जाये पर इसे तो अड़ंगेबाज़ी करनी है न।

यार मैं बताऊँ सब सेक्सुअली डिप्राइव्ड औरतें ऐसी ही होती हैं। ज़्यादा प्राब्लम है तो घर क्यों नहीं बैठती भई?

...अपने कामकाजी जीवन में एक बार कोई स्त्री अपने खिलाफ़ किये गये हैरास्मेण्ट पर आवाज़ उठा भर दे। मैं अपने अनुभव से कह रही हूँ उस स्त्री को यही और ऐसा ही बहुत कुछ सुनने को मिलेगा। वर्क प्लेस पर स्त्री–उत्पीड़न का भी अपना एक समाजशास्त्र है। मर्यादामर्दोत्तम सब जगह समान रूप से पाये जाते हैं और सब जगह समान रूप से ही विरोध के स्वरों को दबाने के लिए तत्पर रहते हैं।

क्योंकि रेप भी एक सियासत है

रेप तो होना ही था

उसकी मुट्ठियाँ भिंचीं और होंठ कटे फटे सूजे थे। मुझे पता नहीं कि क्यूँ मैंने उसकी अँगुलियों को एक–एक कर खोला होगा और क्यों उसकी हथेलियों के पसीने को अपनी कुर्ती के कोने से पोंछकर उन्हें दोबारा बन्द कर दिया होगा। हाथ में मेरे अख़बार है। अख़बार में रेप की ख़बर है। ख़बर में हमेशा की तरह कोई बदकिस्मत लड़की है। लड़की के पास हमेशा की तरह एक चेहरा है। नाम है। सपने हैं। अपने हैं। पराये हैं। भीड़ है।

है नहीं थी कहो भीड़ की आवाज़ है। थी क्यों, मैं अभी भी हूँ। मैं अभी भी रहना चाहती हूँ। क्या सुना आपने भी? अभी यह लड़की बुदबुदाई थी। नहीं जी ढहा दी गयी लड़की नहीं बोलती। वो होती ही नहीं क्योंकि ख़बर बन जाती है। ये कान बस बात बना रहे हैं। नहीं

पर मैंने अभी ख़ुद उस लड़की के पसीने और लहू को पोंछा है। मैंने उसकी उघड़ी देह को छूकर जाना है कि मरी नहीं अभी ज़िन्दा है। नहीं साहेबान! ये तब तक मर सकती नहीं जब तक यह जीना नहीं चाहेगी।

उफ़ ये कैसी जानी पहचानी भीड़ है। हर बलात्कृत लड़की को घेरकर खड़ी हो जाने वाली भीड़। इस भीड़ को आँख नहीं। कान नहीं। कलेजा नहीं। हाथ नहीं। बस ज़बान है। अच्छा हुआ आपने इसके चेहरे को ढाँप दिया और लड़की अभी देख नहीं सकती। बस सुन सकती है। देख सकती तो आपके चेहरे मोहरे में बलात्कारी का चेहरा पहचान जाती। यह आपके लिए भी अच्छा हुआ वरना आप भी बर्दाश्त कर नहीं पाते इसका चेहरा। अजी ग़ुस्साइए मत मैं तो बस यह कह रही थी कि हमारे यहाँ हर लड़की का चेहरा काफ़ी कुछ एक–सा होता है। हर हँसती हुई का नहीं भी मिले पर रुलाई गयी, तड़पाई गयी, नोची–खसोटी गयी हर लड़की एक–सी दिखायी देती है। कौन माई का लाल ऐसी सड़क पड़ी खूनमखून लड़की में अपने घर की बच्चियों, औरतों का चेहरा देखकर सुन्न होना बर्दाश्त कर सकेगा? आप सबको पुख़्ता यकीन है न कि ये तकलीफ़ज़दा बलात्कृता लड़की आपके घर खानदान की नहीं? हाँ आपकी जानी–पहचानी शुक्र है वाली फुसफुसाहट सुनायी दे रही है। लड़की को अपनी बदकिस्मती और दुस्साहस के साथ–साथ अँधेरे और निर्जनता की भी सजा मिल रही है। हमने नहीं दी और यह हमने नहीं किया। हमने कुछ भी नहीं किया। और हमारे घर की लड़कियाँ हमारी चौकसी के घेरे में महफ़ूज़ हैं और हम आप भी शरीफ़ज़ादे और दीन–धर्म, बाल–बच्चों वाले आदमी हैं जी।

वो जो रेपगति को प्राप्त हुई

हर बस में चढ़कर कण्डक्टर का, ड्राइवर का, मुसाफ़िरों का चेहरा ग़ौर से देखती थी वह। नहीं, नहीं बिटिया की चूड़ियाँ और माता की चुनरी स्टीयरिंग से बाँधने वाला ड्राइवर बलात्कारी नहीं हो सकता।

कण्डक्टर के चेहरे–मोहरे पर मनहूसियत, कमज़ोरी, अभाव पसरा पड़ा है। न, यह कतई ऐसे कुकर्म का भागीदार नहीं हो सकता। यह मुसाफ़िर ख़ुद अपनी जनानी के साथ है यह बलात्कार क्यों करेगा। यह वाला मुसाफ़िर ज़माने का सताया और उनींदा, अनमना है। यह भी बलात्कारी नहीं हो सकता। और यह सफ़ेद–पीले तिलक वाला इबादती आदमी। नहीं इसको ख़ुदा का खौफ़। यह ऐसा संगीन जुर्म क्यों करेगा। हाँ माँ मैं बस में चढ़ गयी हूँ। मैंने एहतियातें बरत ली हैं, मुआयना कर लिया है, यकीन बना लिया है। इस बस में कोई मेरा रेप नहीं करेगा। लड़की बच गयी थी। सड़क पर चलती आजू–बाजू, ऊपर–नीचे देखती चलती थी। कपड़े सँभालती पर बीच–बीच में उसका मन कर जाता थोड़ा उघाड़कर, इठलाकर, बलखाकर, इतराकर, लहलहाकर चलती।

पर नहीं अँधेरे में, वीराने में नहीं। सब देखभाल कर, सूँघ–वूँघ कर, जाँच–वाँच कर। अभी के लिए ठीक नहीं। अभी भावहीन, कामनाहीन, रंगहीन, लचकहीन, कहकहाहीन, सपनाहीन, दमकहीन होकर बचूँगी। ओह वीरानगी! काश इस वीराने से गुज़रती हुई मैं अदृश्य हो जाऊँ या काश धरती के नीचे–नीचे कोई सुरंग होती जो घर तक ले जाती होती। लड़की सिर पर चील–कौव्वे गिद्धों का मँडराना महसूस करती है पर चलती जाती है।

चूँकि भीड़ भी एक लिंग है

हम बलात्कारी नहीं बलात्कार के बाद पुलिस के आने तक जख़्मी लड़की को घेरकर अफ़सोस जताने वाली भीड़ हैं। बस हम तो यह जानना चाहते हैं कि लड़की किस ज़ात की थी, किस ज़ात के लोगों ने काण्ड किया। क्या पहनकर निकली थी घर से। कहाँ और किस वक़्त थी। नहीं हम यह नहीं कह रहे कि शरीफ़ नहीं थी, पर शराफ़त थी तो तो अक्लमन्दी क्यों नहीं थी। अक्लमन्द रही होगी पर हादसे के वक़्त उसकी मत और किस्मत ख़राब क्यों थी वरना यही लड़की

क्यों। ए भाइयो चेहरा मत उघाड़ो रे। बेकार में याद रह जायेगा और घर जाकर निवाला भी हलक से उतारना मुमकिन न हो पायेगा। अभी हमने ही तो अपनी उतारी कमीज से इसका निचला हिस्सा ढापा है।

क्या करें इसकी देह से लटकती हुई आँतों को समेटकर ठूँस दें इसके भीतर वापस? बहादुर थी तभी इसका यह हाल हुआ। इसको हाथ–पैर मारने की क्या पड़ी थी। दरिन्दों के आगे हाथ जोड़कर भैया मैं आपकी बहन की तरह हूँ जैसी बातें कहकर गिड़गिड़ाना था। हम ख़ुद आदमी हैं तो समझते हैं कि चालबाज़ी, बराबरी करती औरत ग़ुस्से और ज़ोर को भड़का बैठती है। ये नहीं कि जिस्म बनकर बिछी रहें कुछ मिनट चुपचाप। नीचे की नसों में ख़ून और दिमाग़ की नसों में जब आवेश बहता है तो उस वक़्त आदमी में जानवर उतर आता है। कोई फ़र्क़ नहीं पड़ता कि औरत अपने आदमी के रुआब नीचे है या बलात्कारी के ख़ौफ़ के नीचे; फ़र्क़ बस इतना है कि घरवाले को अगली दफा फिर उसी जिस्म को खँखोड़ना है पर बलात्कारी के लिए तो वह आज और अभी का माल है। शिकार की होशियारी, ज़ोर–आज़माइश किस शिकारी को रास आयेगी भला। यही दुष्कर्म आराम से होता तो आज रात को उतनी जल्दी नींद आती। घर की ज़नानियों को थोड़ा कम चेताने से भी काम चल जाता।

पता नहीं तिरंगे का डण्डा डाला है या पहिया बदलने का सरिया। कैसे मुमकिन है। है न मुमकिन। जब कई–कई लोग कई–कई बार एक ही रास्ते में घुसकर राहत पायेंगे तो फिसलन से लबालब रास्ता सुरंग में तब्दील हुआ होगा। वरना कैसे अब तक लड़की की साँसें चल रही हैं। अब तक अपनी आँख से इस क़दर दो फाँक लड़की नहीं देखी। देखें फटी हुई लड़की कितनी देर तक ज़िन्दा रह सकती है। साहेबान लड़की अपनी अम्मा को यह बताने को ज़िन्दा है अब तक कि ग़लती उसकी नहीं थी। कि उसने इज़्ज़त को जान से ज़्यादा हिफाज़त की चीज़ समझा। कि वह कभी तो नहीं चूकती थी बस; आज पता नहीं कैसे। कि माई–बापू मुझे माफ़ कर दो।

रेप हो के रहम

वो आये और ले गये देह और उसके बाहर झाँकते सामान को। रेप किट पर लिखे निर्देशों पर रौशनी डालकर ज़रूरियात के सबूत इकट्ठा करने। वरना लड़की इन्साफ़ किस मुँह से माँगेगी। होंठ, छातियों, नितम्बों, योनि पर लगी लिसलिसाहट अस्पताल वालों के जिम्मे। पुलिस के जिम्मे नुचे बालों के गुच्छे, टूटे नाखूनों के टुकड़े, चिथड़ी ब्रेजियर, लोहे के छड़। सब दिख रहा। लड़की के तार–तार दिल–जिगर–आत्मा के छिटके लोथड़े नंगी आँखों से नहीं दिखते। नहीं रेप किट के हिसाब से ये सबूत मायने रखते नहीं। अगर ये कहीं हों भी तो इनको मौक़ा–ए–वारदात पर लावारिस छोड़ना बेहतर। अब अस्पताल को और अस्पताल से अगर घर को गयी लड़की तो बस देह होकर रहे अच्छा। वैसे भी खँडहर जिस्म में जज़्बात, अरमान, सपने रहेंगे नहीं। आत्मा–जिगर–दिमाग़ रहा तो भी लड़की की बची ज़िन्दगी पर उलटा असर करेगा इनका वजूद। दबोची हुई यह अगर पड़ी रही होती तो आज इसकी आँतें कम–से–कम इसके अन्दर ही होतीं।

भीड़ के एक हिस्से में ग़ुस्सा है पर सवाल नहीं। होश है पर हरकत नहीं। खफ़गी भी है पर आग नहीं। अभी भीड़ एकमत है कि लड़कियों को ही सिखाना होगा कि बलात्कार होने देने के सिवाय कोई चारा बचे ही न, तब किस मैनुअल का पालन करें। कल पुलिस, कानून, राज्य, सरकार मिलकर जारी करेंगे हिदायतावली। चिकित्सक, मनोचिकित्सक, महिला और स्वास्थ्य विभाग, महिला आयोग मिलकर करेंगे तय कि हिंसक रेप कम कैसे हों, लड़कियाँ रेपिस्ट को पहचाने कैसे, रेप के वक़्त क्या करें। कल हर रिसाले में हर सड़क पर समाज–कल्याण विभाग के लगाये होर्डिंगों पर लड़कियों को "अपनी महफ़ूज़ शेल में और महफ़ूज़ कैसे रहें" सम्बन्धी अधिसूचना चिपकी होंगी। गली–गली से चुनकर बलात्कारी इकट्ठे कर सकते हो? सज्जन का दुर्जन में तब्दील होना रोक सकते हो? हर गली–कोने के अँधेरे

को बल्ब और व्यवस्था की रौशनी से लैस कर सकते हो? मर्दों और उनकी नलियों की हलचल को क़ाबू कर सकते हो? नहीं न? तो लड़कियों को अपनी योनि की पवित्रता का महत्त्व तो समझा सकते हो। उनके पंख कतर तो सकते हो। उनकी योनि पर पहरा तो दे सकते हो। तो हर लड़की देह में जी पी एस तो फिट कर सकते हो।

जवाब दो! जवाब चाहिए!

प्यार उर्फ़ हिफाज़त वल्द तहज़ीब हाज़िर हो!

हुजूर अफ़सानेबाज़ी नहीं कर रही अपनी बीमारी से लाचार हूँ बस। अख़बार की सुर्खियों का आवरण हटाकर बलात्कृताओं की जख़्मी देह और आत्मा के नज़दीक कुछ देर बैठकर न जाने किस बात का सोग मना आने की बीमारी। उफ़! आपको इस तरह घेरकर खड़े होने की कैसी लत है। जनाब जब लड़की का बलात्कार हुआ तो वो अकेली कहाँ थी। हर बलात्कारी जानता है कि जब वो शिकार पर हमला करेगा तो उसके आसपास दायरा बनाकर एक अदृश्य भीड़ खड़ी ज़रूर होगी। बलात्कार एक सामूहिक स्वीकृति का कर्म है, चाहे कितने ही वीराने में क्यों न किया गया हो। उसकी जायज़गी को समर्थन देने वाली पूरी सांस्कृतिक चेतना अट्टहास करती शिकार को दहलाती मौजूद हुआ ही करती है। क्या कहा आपने; बलात्कार भी हिंसा का एक और तरीका भर है, उसमें औरतों को इतनी हाय–तौबा मचाकर एक्स्ट्रा सहानुभूति बटोरने की आदत पड़ी हुई है?

जनाब आपने औरत की योनि की पाकीज़गी का मिथ गढ़ा और फिर औरत ज़ात की तमाम ताकत को अपनी उस अस्मत की हिफाज़त में झोंक दिया। कमाल! कमाल! कमाल! देने वाले भी आप और लेने वाले भी आप। यूँ आधी कुव्वत और पूरे खौफ़ के साथ ज़िन्दा रहने को औरतों के लिए मशक्कत भरा काम बनाकर आप निश्चिंत हैं। आप जानते नहीं कि हम जानती हैं कि हम आपके लिए जिस्म हैं पर ग़लती से हमारे पास एक दिमाग़ भी है। जिसकी मौजूदगी

ख़तरा है आपकी हुकूमत के लिए। एक बहुत बड़ी नाइन्साफ़ी और यह कि आप महज बुद्धि है पर संयोग से आपके पास एक जिस्म है। आपकी यह बुद्धि आपके जिस्म के ज़रिये आपको हुकूमती होने के लिए उकसाती होती है। अपने लिंग के आतंक के भरोसे आप राज करते रंगे हाथ धरे गये हैं।

ओह! आप अँधेरों और वीरानों के मालिक अपनी औरतों को रौशनी तक, दहलीज़ तक सीमित रखने को प्यार कहते, ध्यान कहते, कद्र कहते, रखवाली कहते। इतना प्यार, रखवाली, कद्र, ध्यान कि हम अन्तर्धान होने लगें। अँधेरे में कई मर्दों के बीच अकेली हम बेवकूफ़, लावारिस, लाचार, बेकद्र और बदकिस्मत कहलाएँ। आख़िरक़ार शिकार हो जायें।

सुनो लोगों!
मर गयीं वो चक्रव्यूह में उलझाया जिनको तुमने
नहीं बचीं वो आठवें चक्र का तोड़ छिपाया जिनसे तुमने
पर देखो!
नज़दीक आ रहा रेला खदेड़ी हुई औरतों का
डर के बँटी हुई नहीं, डर का लबादा उतार डँटी हुई औरतों का
खोलों को खुरचती बढ़ती चली आती हुई औरतों का
अँधेरी खोहों से, गटरों से, तहख़ानों से, पाताल से
वजूद उनका उफनता चला आ रहा
वे मुड़–मुड़कर जगह ले रहीं काफ़िलों में
भिड़ने को वे आ रहीं लौट–लौट
प्यार उर्फ़ हिफाज़त उर्फ़ महफूज़गी वल्द तहज़ीब के लोम्बड़ से
भिड़ने को वे आ रहीं लौट–लौट

असल मर्द रेप नहीं करते

असल मर्द डेट रेप नहीं करते।
गैंग रेप नहीं करते।
वॉर रेप नहीं करते।
यहाँ तक कि प्रेमिकाओं का छलपूर्ण बलात्कार नहीं करते।
पत्नी का भी रेप नहीं करते।
असल आदमी रण्डी तक का रेप नहीं करते।
अँधेरी बस में जानूबजानू बैठी लावारिस कन्या का रेप नहीं करते।
सीने से बेख़बर चिपटी चूमाचाटी में चटखारे लेती लड़की का रेप नहीं करते।
असल मर्द
थोड़े आँसू थोड़े दर्द और बहुत सारे जज़्बात से लदे होते हैं
सो वो रेप नहीं करते।
असल मर्द किसी बेटी के पिता होते हैं
वो रेप नहीं करते।
असल मर्द अपनी बहन की कद्र करते हैं
वो रेप नहीं करते।
असल मर्द अपनी माँ के प्यारे–दुलारे होते हैं
वो रेप नहीं करते।
असल मर्द बराबरी के हिमायती होते हैं

वो रेप नहीं करते।
असल मर्द कुल मिलाकर
औरत ज़ात के कद्रदाँ–ओ शुक्रगुज़ार हुआ करते हैं
तो वो रेप नहीं करते।
असल मर्द किसी को घायल–ओ चोटिल नहीं कर सकते
वो रेप नहीं करते।
वो जानते हैं कि वो रेप नहीं कर सकते
क्योंकि वो रेप कर ही नहीं सकते।
एक्चुअली रीयल मेन
रीयल में देवता होते हैं
सो वो रेप नहीं करते।
वरना ए लड़की!
रेप तो होना ही था।

निर्भया केस में भी बार–बार यही सवाल टकराया था...

प्रतिरोध के परिणामस्वरूप आख़िरकार अपनी जान गँवाकर उस लड़की ने बहादुरी का जो प्रतिमान स्थापित किया, क्या हम वैसा ही चाहते थे?

क्या वाकई हम स्त्रियों के सम्मान को जान से क़ीमती मानने की सीख देना बेहतर समझते हैं?

इज़्ज़त की रक्षा के लिए लड़ते हुए जान देने वाली बेटी पर गर्व करते हुए, कहीं इज़्ज़त गँवाकर ज़िन्दा बच आयी बेटी के लिए 'नाक कटवा दी, वाली सोच तो नहीं काम कर रही होती?

मेरी रूह काँपती है यह सोचकर कि मैं अपनी बेटी को इज़्ज़त की रक्षा के लिए जान का दाँव खेलने की सीख दे रही हूँ...

यह सोचकर ही सिहर जाती हूँ कि क्या होता निर्भया बिना प्रतिरोध किये बलात्कारियों को अपना काम करने देती और जान सलामत लेकर वापस इसी दोगले समाज में आ खड़ी होती अपनी पुरानी जगह क्लेम करने...

मुझे निर्भया की बहादुरी के गान से असहजता और अपराधबोध होता है। अपनी बेटियों के कोमल मन पर इज़्ज़त के इस प्रच्छन्न महिमामण्डन का असर न हो जाये का भय सताता है।

मुझे अपनी बच्चियों को जूझने, भिड़ने, लड़ने के बने–बनाये नुस्ख़े देते हुए भय होता है। ज़रूरी यह है कि कब लड़ना है, कैसे लड़ना है, कितना लड़ना है–इस आत्म निर्णय की ताक़त और समझ बेटियों में पैदा हो...काश कि मुट्ठी में थमायी गयी, घुट्टी में पिलाई गयी सीखों के बोझ के साथ यह भरोसा भी हम चुपके से उनको दिलाना जानते होते कि आख़िरकार जिस भी तरीक़े से वे दुर्घटनाओं से जूझेंगी हम उनके साथ उनके लिए बिना सवालों और आलोचना के होंगे... अपने संघर्ष के तरीक़े की सफ़ाई उनको नहीं देनी होगी...

अपनी बेटियों को यह एहसास दिलाने में अगर हमें दिक़्क़त है

कि उनकी जान की सलामती ही सर्वोपरि है तो समझिए हमें अपने भीतर के बलात्कार समर्थक की पहचान ही नहीं है...

वारदात के समय अहिंसक बने रहना ही अगर प्राण–रक्षा के लिए आवश्यक हो उठे तो यह प्रताड़ना के ख़िलाफ़ एक पैंतरा ही हो ...एक दफा दुर्घटना के दौर से बच निकलते ही प्रतिरोध, सबक और सज़ा के और मौक़े पाये जा सकते हैं...पर एक गयी ज़िन्दगी दोबारा नहीं पायी जा सकती...

वैसे आत्म रक्षा के उपायों, जज़्बे और ट्रेनिंग के बिना अचानक किसी हमले का जान की क़ीमत पर सामना करने का सबक रटाने से बेहतर है हर बच्ची को आत्मरक्षा का प्रशिक्षण देना...

यह विभेदपूर्ण रवैया है कि इधर हमारे बेटे गली में मसल पावर के दाँव–पेंच सीख रहे हों और उधर हम अपनी बेटियों को कराटे सिखाने की वजहों को पहचानने से बच रहे हों...

लेट देयर बी फाइट

सारी गिरहें खोल दो

हट्ट झुट्टी, ड्रामेबाज। पता तो तुझे भी है मरजानी सब। आज़ादी आजमाने–बरतने की चीज़ है सजाने दिखाने की नहीं। इसे उधारी पे लेकर बरतने की जुगत लगाओगी तो ब्याज चुकाते–चुकाते चुक–वुक जाओगी। अच्छा मेरी छोड़ो। आज़ादी की सुनो वो तुम्हारी सुनोगी...

आज़ादी सितमज़ादी

आज़ा दी
चल जा दी
आज आधी
मत हो आदी
लेजा दी
सीधी सादी
आ जा दी
आज़ादी

"मेरी आज़ादी मेरा जन्मसिद्ध अधिकार है और उसे मैं लेकर रहूँगी'' वाली रटन्त की औरतों की जान को तमाम तरह की आफ़तें होती हैं। 'हमारी मानो' ब्राण्ड ब्रिगेड से भिड़न्त के बावजूद आगे बढ़ते रहना पड़ता है। दम फूलने पर आराम फरमाने का कोना पकड़ने लगो तो 'अब क्या हुआ' जत्थे का 'मुँह तोड़ दूँ या अपने कान फोड़ लूँ'–के उबाल को दबाना पड़ता है। आज़ादी के अच्छे नतीजे न दिखा पाने पर 'देखा हमने तो पहले ही कहा था' –सरीखे तेज़ाबी हमलों से जान छुड़ाते रहना पड़ता है। 'तुम्हारी भलाई इसी में है'–ब्लैक कैट कमाण्डो दस्ते के आगे भीगी बिल्ली बनकर तौबा

कर लेने की तलब का गला दबाना पड़ता है। 'आगे तुम्हारी मर्ज़ी' तकिया कलाम वालों की सच्ची संवेदना पर न पिघलने की ज़िद पर अड़ना होता है। 'अब हमसे कोई उम्मीद न रखना' –बिरादरी को नाउम्मीद करने का पाप ढोना पड़ता है।

क्या ही सितमज़रीफ है ये मुई आज़ादी। पहले इसे भीख की तरह लो और फिर बेशकीमती ज़ेवर की मानिन्द सहेज सँभाल कर रखो। मौक़े और माहौल परखकर तिजोरी से निकालो। एहतियात और हिफाज़त से बरतो और वापस ताले के हवाले। वैसे है ये पूरी अफ़ीम। एक बार चख–सूँघ लो तो बहुत मुमकिन है कि अपनी औकात, हैसियत, नतीजे–वतीजे भूल–भुलाकर और से और आज़ाद होने को जी मचलाने लगे।

आज़ादी को सिन्दूर की रेखा और भाग्य का लेखा मानने वाली जनियों की भी कुछ सुनोगी कि अपना ही गाओगी। घर की पगहिया से बँधी मासूम बछिया होती है आज़ादी–

हम क्या लायी थीं और क्या ले जायेंगी

आज़ादी न मरती है न जन्म लेती है

पैराहन है केवल जिस्म बदलती है

जितनी ली यहीं से ली यहीं लगा दी

जितनी मिली अच्छी मिली, आगे भी मिलती रहेगी

तुम भविष्य की आज़ादी की चिन्ता में अपना वर्तमान मत खोवो

हम न आज़ादी की हैं न आज़ादी हमारी

प्रेम–विश्वास–सहयोग–सहमति के पंच तत्त्वों से मिलकर बनी है ये

तुम अपनी आज़ादी को अर्पित करो

बदले में चिन्ता, शोक, पश्चात्ताप, सन्ताप, विकार से मुक्त रहो

यही सबसे उत्तम मार्ग है

आसक्ति और स्वप्नों के फेर में इस मिली–मिलाई सौगात को नष्ट मत करो

संयम और आत्मबल से जितनी पायी उतनी में ही गुज़ारा करो

काम–क्रोध–मद–मोह और पुरुषोचित आज़ादी से

जलन या बराबरी पतन का मार्ग है।

सो हे कनीज़!

तुम निःस्वार्थ कर्म करो

आज़ादी अपने आप मिल जायेगी।

हट्ट झुड्डी, ड्रामेबाज। पता तो तुझे भी है मरजानी सब। आज़ादी आज़माने–बरतने की चीज़ है सजाने दिखाने की नहीं। इसे उधारी पे लेकर बरतने की जुंगत आजमाओगी तो ब्याज चुकाते–चुकाते चुक–वुक जाओगी। अच्छा मेरी छोड़ो। आज़ादी की सुनो एक दिन वो तुम्हारी सुनेगी–

आराम को ताक पर रख दो।

सुकून को भूल जाओ।

सुरक्षा को दाँव पर लगा डालो।

जोखिम को गले लगाओ

जुनूँखेज़ी में लुत्फ़ लो

ज़िद पे अड़ी रहो

दर्द की यारबाश बनो।

अंजाम को भूल जाओ

नतीजों को गले लगाओ

हट पगली डरायेगी क्या?

नोट—टर्म्स एण्ड कण्डीशंस अप्लाई।
आज़ादी रिलेटिड टु मार्केट रिस्क्स।

पुरुष आज़ाद पैदा होता है
स्त्री को आज़ादी हासिल करनी होती है
पुरुष की आज़ादी अप्रश्नेय होती है
स्त्री की आज़ादी विचाराधीन
पुरुष की आज़ादी अखण्ड होती है
स्त्री की आज़ादी टुकड़ा–टुकड़ा
पुरुष की आज़ादी चुनौतीहीन होती है जबकि
आज़ादी की कामना वाली स्त्री को आज़माने
दुनिया सारी एक हो जाती है

शहज़ादियाँ नहीं शहसवार हों बेटियाँ...

जिन बेटियों पर अपने पिताओं की ओर से प्यारी राजदुलारी बनने का दबाव और लालच नहीं हुआ करता वे बेटियाँ पतनशील बेटियाँ होती हैं।

जो पिता बेटियों के लिए दुनिया के सबसे आदर्श और समर्थ पिता होने के दबाव और लालच से बचे रह जाते हैं उनकी बेटियाँ पतनशील बनती हैं।

जो माँए अपनी बेटियों के सामने अच्छी औरत बन दिखाने के दबाव में नहीं आतीं उनकी बेटियाँ पतनशील बेटियाँ बनती हैं।

जो माँए अपनी बेटियों के सामने प्रयोग और ग़लतियाँ करने का साहस दिखाती हैं उनकी बेटियाँ पतनशील बनती हैं...

न केवल बेटियों को ग़लती से बचाने के माहात्म्य का त्याग करना सीखिए बल्कि उनको ग़लती के अपने पैमाने बनाने से रोकने से बाज आइए।

अपने प्यार दुलार के 'पॉलीपैक' को उनके लिए बबल रैप मत बनाइए।

उनको अपने डरावने डरों के कोल्हू की बछिया मत बनाइए।

बेटियों की तारीफ़ में बेटे से भी बढ़कर वाले रिटोरिक्स मत गाइए।

दूसरों के सुख की ख़ातिर परियाँ, देवियाँ बनाने की खुरक छोड़कर इंसान बनने देने के लिए उनका रास्ता छोड़ना जानिए।

सिखाना है तो बेटियों को बचना सिखाइए, आप बचाते चलने की ज़हमत मत उठाइए।

आवारा बन्दियों की बन्दिशें

हमारे यहाँ के फ़िल्मी नायक के अपने आवारा स्टेटस को और शाइरों–ग़ज़ल गायकों ने आवारगी को भले ही कितना भी रूमान और रुतबा दिलवाया हो पर सामाजिक जीवों के लिए आवारगी अब भी गाँधीबाबा रोड की लालबत्ती की सबसे कँटीली राँड से कम कोई है। पर आदमी को फुसलाने, फँसाने, बरगलाने, उसका इजारबन्द

खुलवाने, बटुआ लुटवाने के अलावा उसको घर की दो गाली और चार ताने पड़वाने से ऊपर इस कस्बी की औकात फिर भी नहीं। आदमी तारे छुपने या होश लुटने (विच एवर इज़ अर्लियर) तक आवारगी नामक इस राँड के साथ फुदकते, लुढ़कते रह सकता है। पर किसी मदमाये मर्दाने का स्वैच्छिक पतन करवाने के सिवाय ये बिगाड़ भी क्या लेगी उस मर्द का? पानी की छींटें या रौशनी की पहली कौंध मुँह पर पड़ते ही नोट नचनिया के मुँह पर मारता आदमी धपाधप सीढ़ियाँ उतरते सीधे होगा अपने वैध ठिये पर।

साली–कुत्ती! जालसाज़! बदज़ात न हो तो! आवारगी की बच्ची!!

या ख़ुदा! आदमी को ख़ुद को आवारा कहलवाने के लिए कितनी मशक्कत करनी पड़ सकती है, ये बात शाइस्ता औरतें समझेंगी क्या कभी? नंगी छाती की नुमाइश लगाये या अपनी पिलपिली पोटली को खुल्ले में खुजलाये। अपनी जनानी को जूते की नोक पर लटकाये या मुँह से चिपचिपी गालियाँ बरसाये। बेचारा। गली–कूचे में गश्त मारता फिरे या हसीनों को आँख। न जी तब भी नहीं। ये तो उसका नस्लीय कर्तव्य जो ठहरा। पूर्वजों के रास्ते पर चलना किसी भी काल में किसी भी हाल में अपकर्म नहीं होता।

खानदानों में पिता प्रजाति के द्वारा कुल दीपकों को 'आवारा' उपाधि। माने सौ बातों की एक बात। ये टाइटल कुपूत को–गल्ला सँभाल लेने, उसे पिता की गाढ़ी कमाई की कीमत समझाने, बेलीकदार रहन–सहन को आरामदायक बनाने हेतु शादी रचाने, कुँवारी बहन को शादी के ठिकाने लगाने के लिए शर्मिन्दा या मजबूर करने सिम्पल संकेत होता है। हर मर्द क्या हर नया लौंडा तक समझता है कि न भैया आसानी से यह खिताब उसके सर रखा जाये ऐसा उदार अभी हुआ नहीं है समाज। बेचारा मर्द गली–कूचे में ''याहू चाहे कोई मुझे जंगली कहे'' कहकर भी चिंघाड़ लगायें तब भी ज़माना न पसीजे।

रात में सोया आदमी आवारगी की गुदगुदी से जग जाये। जगकर इन्तज़ामे खानादारी से आज़िज़ महसूस करने लगे। महसूस कर जहाँगर्दी के वास्ते निकल भी जाये तो भी कमज़र्फ़ ज़माना आवारा का तमगा न अता फरमाये। यूँ कि आदमी घरेलू गमों का मारा, जीवन से हारा हो सकता है। औरत या किस्मत का सताया हो सकता है। किसी इरादे या मंज़िल का भरमाया हो सकता है। क्या नहीं हो सकता है भई? कम से कम बेचारे को आवारा तो न कहो। चलो फर्ज़ किया कि किसी लिंचिंग करती पग्गल भीड़ में चश्मदीद होके या नोच–खसोट दंगा–फ़साद ख़ून–खराबा भी करके लौटा हो तो भी सोचो कि कैसे होके मजबूर उसने ये फ़र्ज निभाया होगा। जात–बिरादरी–मर्दानगी, मंसूबा, सूबा, गाँव, क़स्बा, मुल्क, मज़हब, भाषा, संस्कृति, आन–बान–शान–पहचान में से किसी पर तो संकट के काले बादल छाये होंगे। इतने महान–महान मकसदों का मारा आदमी दिल पर चोट और हाथ में ईंट–पत्थर, सरिया, लिंग, क़ानून कुछ न कुछ तो लेगा ही।

आवारा आदमियों की चालू चलिष्णुता

अब बताओ पग्गल औरतो!! दुनिया बचाने के महानतम सत्कर्मों में लगा आदमी आवारा कैसे हो सकता है।

आवारा यानी मकसद हीन।

कर्महीन।

लक्ष्यहीन।

वो जिसे क़ायनात में करने को कुछ काम न हो।

निभाने को कोई फर्ज़ न हो।

आहत होने को कोई धोखा न हो।

पीने को कोई ग़म न हो।
बकने को कोई गाली न हो।
चखने को कोई शराब न हो।
फाँकने को कोई धूल न हो।
चुभने को कोई शूल न हो।
लगाने को कोई ज़ोर न हो।
देने को कोई धमकी न हो।

मदाम!! आपको नंगी आँख से दिखेगा नहीं पर आदमी हर वक़्त, हर जगह, हर हाल में क़ायनात को कायम रखने के किसी न किसी काम में चालू रहता है। आदमी आदमी है; आवारा होना उसका मुख्य धर्म है, पर हाय आवारा कहलाने का सुख उसके भाग्य में नहीं बदा। हाँ गर जो बन्दा ख़ुद ही आवारा का शायराना–आशिकाना टैग माथे पर गुदवाना चाहे तो बात और है। चाहे से क्या नहीं मिलता मर्द को? पर न जी तब भी आशिक–शायर–चिन्तक फिलोसोफ़र के टैग से करे गुज़ारा बेचारा। और जो मर्द 'कल शब मुझे बेशक्ल की आवाज़ ने चौंका दिया' कहकर कूचागर्दी करते–करते जहाँगर्दी को निकल जाये तो? और जो आप 'गया लौट भी वह आयेगा कुछ अपूर्व अनुपम लायेगा' कहकर उसकी चलिष्णुता की कद्र करने की रस्म निभाने को बाध्य की जायें तो? तो भी भूला–भटका, आफ़तनसीब किस्मत का मारा हो सकता है बस। यहाँ तक कि वियोगी, कर्मयोगी, सन्त, महात्मा, नायक, महानायक, नेता तक कहला सकता। पर आवारा लफ्ज़ को यूँ उस पर खर्चना–घिसना–लुटाना कहाँ की अक्लमन्दी हुई भला? सीधी बात ये कि आदमी की आवारगी उसका स्वैग है। "मेरी आवारगी ने मुझको आवारा बना डाला" वाला टोरा। और इसके कॉन्ट्रास्ट में औरत का यू एस पी "मेरी बेचारगी ने मुझे बेचारा बना डाला" हो तो समझो आदमी की आवारगी में चार–चाँद। मौके ही मौके।

दुमछल्ली से तो मैं कल्ली भली

औरत की आवारगी? क्या बात करते हैं? आवारगी और औरत माने छत्तीस का आँकड़ा। फितरत से आरामखोर, चाल से भेड़चालप्रिय, गति में कच्छप, मिज़ाज से पिछलग्गू, स्वभाव से दब्बू औरत ज़ात के लिए अभिशाप है आवारापन। अभिशाप क्या है इल्ज़ाम है। इल्ज़ाम क्या है ख़ुद कुदाल चलाकर पर्सनल पाताल बनाना है। सर मुँडवा कर ऊपरवाले के यहाँ ओलावृष्टि की अर्जी लगाना है। औरत का आवारापन यानी परिवारद्रोह के कन्धे पर स्वार्थवाद की बन्दूक रखकर समाजद्रोह मचाना है।

औरत का क्या है? वो तो जब चाहे जहाँ चाहे, जिससे चाहे लपक ले सकती है ये तमगा। हज़ारों सालों से मर्दों की प्रजाति मिलकर जिस एक पदवी को ढंग से कमा सकी वही पदवी एक पीढ़ी की एक औरत के एक गदराभास–भर से मिल जाती है।

घरवालों की नज़रों में–

इश्क के इम्पैक्ट

या पढ़ाई के साइडइफैक्ट

या परवरिश के डिफैक्ट

में से कुछ भी या सब मिलकर लड़की को आवारा बना सकते होते हैं।

ससुराल वालों की नज़रों में–

मायकेवालों की प्रोटेक्शन,

बहू के एक्शन–रिएक्शन,

बाहर की दुनिया के अफैक्शन,

या क़ानून के सड़े सैक्शन

बहू को आवारा बना सकते हैं।

बाहरवालों की नज़रों में–

औरत के इस–उस से कनैक्शन,

मसलों में इण्टरजैक्शन,

आँख की ग़लत सलत डायरेक्शन

और बॉस की अटरैक्शन

–कामकाजी को आवारा बना सकते हैं।

हाँ तो जेन्टलमेनों! औरत या तो घरबारी होगी या आवारा। रसोईरमणा होगी या आवारा। सीधी–शरीफ होगी या आवारा। संस्कारशील होगी या आवारा। विवेकशील होगी या आवारा। सहनशील होगी या आवारा। समझौताशील होगी या आवारा। लगाम लगी होगी या आवारा। देखिए खूँटा कोल्हू का हो या समुद्री बेड़े का, होता काम का है। वक्रचाल वाली और भटकटैया भेजे वाली नार को कौन समझाये। पैदाइशी आधार। अच्छा चलो तुम्हारे लिए बंजी जम्पिंग बेस बस। और बताओ क्या चाहिए? अब जो तुम हिन्द महासागर से सीधे बंगाल की खाड़ी में कूद लगाने को मचलो तो खूँटा बेचारा क्या करेगा। सुबह–शाम दिया बत्ती करो। खूँटा ख़ुश तो सब टिच। चाहने और पाने, सोचने और करने, पाने और आजमाने के बीच खूँटे की नाख़ुशी और ये मिला आवारा का स्टेटस।

अरे भैया आपको मुँह से उवाचना नहीं पड़ेगा हम आँखों की कथनी पढ़ सकती होती हैं।

औरत 'घर आया मेरा परदेसी' स्टाइल में एंकरबद्ध होकर इन्तज़ार करती, स्वागत करती ही अच्छी लग सकती है। सोचिये आदमी गाता दिखे 'घर आयी मेरी परदेसन' तो मुँह में कुनैन सी घुल जाये। आवारा का गुदना गुदवाकर "गर्दिश में भी आसमान का तारा हूँ" गाता आदमी

ही अच्छा लगता है। औरत आवारा होकर 'सूने आसमान की अकेली तारिका' बन भी लेगी तो उसके इस त्याग–तप को शास्त्रों में, शायरी में, इतिहास में रुतबा दिलवाएगा कौन? अन्दर–अन्दर सब मानते कि आवारा कोलम्बस अगर औरत होता तो अमरीका टाइम पर (कभी) न मिलता। सब अन्दर–अन्दर जानते कि सोते बुद्ध को बुद्धू बना अगर यशोधरा घर से निकली होतीं तो संसार बुद्ध धर्म का (अनन्त काल तक) इन्तज़ार ही करता रह जाता।

देखो बरखुर्दार बहुत वक़्त से तुमको बना रही। मन भर गया। अब सुनो तुम असल बात। वो क्या है न कि–

हमको रमण नहीं भ्रमण चाहिए

मरण नहीं विचरण चाहिए

विकलता नहीं सचलता चाहिए

दुमछल्ल्ली नहीं कल्ली होकर।

और हाँ!

हादसे की आहटों से

कोनों के अँधेरों से,

मंज़िल की दूरियों से

मन की मजबूरियों से,

तहज़ीब की अमीरियों से–

हम लोग तो उकता गयीं तू अपनी सुना आवारगी!

हमारे मुल्क में जवानी एक ओवररेटिड, ओवर डिफाइण्ड, ओवर एम्फेसाइज़्ड शै है। इतना कि इन्सान का आगा–पीछा सबको ओवरशैडो कर डाले। और उसमें भी ज़नाना जवानी। एक्स्ट्रा शॉर्ट और मिस डिफाइण्ड रेग्युलेटरी एक्ट्स से वेल माइण्ड। डिवोटिड और डम्ब। डेयरिंग मर्दाना जवानी से डिक्टेटिड और डायरेक्टिड। आती जितनी जल्द जाने की ज़िद भी उतनी तेज़ मचाती। तो भैनो व भाइयो। अपने यहाँ ज़नाना जवानी आती घर वालों से पूछकर है पर इसकी रुख़्सती की ख़बर बाहरवालों से लगा करती है। आदर्श मर्दाना जवानी शिलाजीत विहीन इलास्टीफाइड गुरूर है और आदर्श ज़नाना जवानी या तो शीला की जवानी बनकर टप्पे खाती मानी जाती है या सीता की जवानी होकर हिफाज़तों में कपूर बन उड़ जाती है।

मनोहर जवानियाँ

क़लम उठायें

ज़बान लड़ाना, ज़बान खोलना, ज़बान चलाना, ज़बान चिढ़ाना आपस की बजाय अदब में आजमाएँ।

जब ताने सतायें तो क़लम उठायें।

ताक़त-ए-ताना स्वाहा

ताने यानी हम औरतों की ज़बान के ज़रूरी ज़ेवर। कुव्वत–ए–ज़बान से ताने ईजाद करना और सही मौक़े पर क़ाबिल–ए–संहार ताने को लक्ष्य पर चलाना भी एक फ़न है। फ़न क्या है आदत है। अजी आदत क्या है मजबूरी है। मजबूरी क्या है 'सर्वाइल ऑफ द बिचेस्ट' है। कैथारिसिस ऑफ़ द सिकेस्ट है। दिमाग़ी दंगल में दूसरे को दिलेरी के दाँव से दाबना है।

पानी में रहकर मगरों से बैर का कारगर तरीक़ा है। चिकचिक, झिकझिक, गिटपिट के कच्चे पापड़ को तेवर की आँच पर सेंक कर कुरकुरा करना है। उलाहने की मनहूसियत को तेज़ाबियत की तरक्की देना है।

ताने यानी ऊपर–ऊपर से तो सुनने वाले का बाल भी बाँका होता न दिखता पर कलेजा उसका ज़रूर फुँक–फुँक जाता है। ताने यानी ऐसा प्रक्षेपास्त्र जिसकी मारक दूरी और क्षमता का अन्दाज़ा न सुनने वाले को हो न सुनाने वाले को। ताने रूपी तीर का ज़बान से निकल पड़ना ताना निर्मात्री की तसल्लीबख़्श हुई तर्बियत और प्रत्युत्पन्नमति का नतीजा होता है। जब कोई औरत यह दावा करती है कि वो जो भी कहती है साफ़ और दो टूक कहती है वह साफ़ तौर पर अगले बन्दे को दुधमुँहा समझ कर बना रही होती है। औरत रनवासे में हो या दीवानखाने में। बिरादरी में हो या बारादरी में। बिस्तर में हो या बावर्चीखाने में। उसकी असल जीत इसी में हुआ करती है कि

जी की बात भी हो जाये और अन्दर का असल भी कोई भाँपने न पाये। साफगोई औरत के लिए हराम है। दिल की नुमाइश लगाने का मतलब ही है अपने पत्ते दुश्मन को आप दिखाना। सींग मारने को बैल न्यौतना। कुल्हाड़ी पर पैर अपने आप दे मारना। अन्दर की बात और नवजात–जितना पर्दानशीं हो उतना अच्छा।

किसका मन नहीं करता जली–कटी, खरी–खोटी सुनाकर कलेजे को ठण्डा करने का। पर ये क्या कि पूरी बिगाड़ कर लें और आगे के लिए छत्तीस का आँकड़ा करके बैठ जायें। अजी हमें तो साँप भी मारना है और अगले वार के वास्ते लाठी की सलामती भी सोचनी है। औरत–औरत के बीच का शीतयुद्ध है भई कोई भारत–पाकिस्तान का मोर्चा नहीं है। सो हाल के हाल बदला लेने को उतारू क्या होना। आज उसकी चली तो कल अपना मौक़ा भी आयेगा सोचकर चुप लगा जाने में हार क्या माननी। आठ खाये और बस चार ही सुना पाये तो क्या हुआ भई।

ज़नाना जगत की गुप्त ज़बान हैं ताने। ये हुकूमत की नहीं मातहतों की ज़बान है। ये शक्ति–प्रदर्शन भर हैं। शक्ति का प्रयोग नहीं। ज़नाना गुस्से की सिगरेट की एशट्रे। रोटी बेलने, कपड़ों को पाटी से पीटने जैसे दो कौड़ी के कामों में की गयी दिमाग़ी वर्जिश है।

विरली ही होगी कोई औरत जो ताने की ताक़त के बिना काम पर निकलती होगी। आप क्या सोचते हैं कि काम पर निकली औरत का जी सब भलाई–बुराई से ऊपर उठ जाता है। वो सन्तिनी हो जाती है। एक–दूसरी से दो काम पड़ते हैं तो चार चीज़ें दुखने–दुखाने वाली भी तो घटेंगी। पर साफ़–साफ़ मुद्दे की बात कहकर आर–पार की लड़ाई तो है मर्दाना दस्तूर। हम औरतों को नहीं मंजूर ऐसा हेड ऑन कॉलीज़न। काम अपनी जगह पर इतना दो टूकपना भी क्या कि माहौल ही भस्म हो जाये। ग़ुस्सा, नाराज़ी, शिकन, शिकवा, धमकी सब जलेबीदार। आग सुगबुगाती हो जलाती न हो बस।

वो क्या है न कि आपके पास अदावत और ताक़त की ज़बान थी हमारे पास शुक्राने और इबादत की ज़बान। आपकी ज़बान आदर्श। हमें हासिल हुई उस आदर्श से चमत्कृत होने की सलाहियत। आप लिख्खाड़ लिखें तो ग़ज़बनाक, ख़तरनाक, हौलनाक। खौलता, उफनता, दहकता, फड़कता, भड़कता। हम लिखें तो पर ऐसा कि दुनिया की पेशानी पर बल न पड़ने पाये। हम ज़बान खोलें पर कोई नींव न दरकने पाये। हम बुड़बुड़ाएँ पर कोई दीवार न ढहने पाये। मर्दाना सुखनवरों की क़लम से तंज़ झरें तो मोती और औरतों की ज़बान से निकल पड़ें तो ज़हरबाज़ी। तंज़ की ताक़त में माहिर औरत जब अदब की दुनिया में जाये और अपनी इस करिश्माई ताक़त को तकिये के नीचे दाब आये।

हाय! गर्दे–सफ़र को कुव्वत बनाना आया होता तो हमने भी कलम की नोक में तंज़ का मसाला लगाया होता। तजुर्बे को तेवर बनाया होता। साहित्य में ताक़त–ए–ताना का तड़का तड़ी से लगाया होता।

सो बहनो! ज़बान लड़ाना, ज़बान खोलना, ज़बान चलाना, ज़बान चिढ़ाना आपस की बजाय अदब में आजमाएँ।

जब ताने सतायें तो क़लम उठायें।

बोलचाल की छर्रेदार ज़ुबान सीखनी है

बोलने वाले के हर जुमले के आख़िरी लफ़्ज़ तक सब्र न करके कुदाल मार बैठने वाली ज़ुबान। अपनी प्रतिक्रिया को कायनेटिक फोर्स की माफिक वक्ता के कानों में ठोक देने वाली ज़ुबान। वॉव, नाइस, ग्रेट, वण्डरफुल, सुपर्ब, फैंटैस्टिक, डिसगस्टिंग, अनबिलीवेबल, शेमफुल जैसे लफ़्ज़ दागकर संवाद की एक साइड का पैकअप करवा देने वाली। समझदारी के ओवरडोज से डकार मारती। सुपरजाग्रतावस्था के स्पार्कल से टनाटन। नाइसिटीज़ से लबालब। हाज़िरजवाबी के कंट्रीमेड पिस्टल से डिश्क्याऊँ बजाती।

कई लोगों से बात करके यही लगता है कि नरमी और ठहराव सहित बोलने वाले, दूसरे की बात को पूरा होने देकर, समझने का जज़्बा दिखाते हुए अपनी बात पेश करने वाले, फिसड्डीपने के मारे न लगते हों कहीं।

स्किल इन द ब्लैंक्स

बेहतर दुनिया बनाने का आधा दारोमदार उस स्त्री पर है जो अनकॉमन है। अनकॉमन स्त्री वह जिसके पास ख़ूब सारी कॉमन सेंस हो। जिसका कॉमन सेंस धर्म, जाति और परिवार की कॉमन उम्मीदों के बोझ से आज़ाद हो। जो ज्ञान की शुष्कता से अपनी तमाम तरलता बचा सकी हो। जो यथार्थ के रेगिस्तान में अपने जुनून का ओएसिस बनाना जानती हो। तमाम कटु अनुभवों के खारेपन में सहजता की मिठास सहेजे रहने का महत्त्व जानती हो। जो मुक्त होने की शुरुआत भीतर से करने की पैरोकार होती हो। जो इश्क में पड़कर भी अपने सपनों से इश्क मुल्तवी न करती हो।

अनकॉमन औरत तब बनती है जब हालात ऊँच–नीच का पापड़ा खेलने लगें और आपको अपने लिए नीच मंज़ूर न हो। नाकामियों का सेहरा अपने सर बाँधने का जज़्बा बनने लगे। अँधेरे और आज़ादी, अकेलेपन और आज़ादी, ज़िम्मेदारी और आज़ादी का आपसी रिश्ता नाजायज़ लगना बन्द होने लगे। लिखी हुई इबारतों में छिपाई गयी आयतें पढ़ने में आने लगें।

मर्दों के लिए अनकॉमन होना एक कॉमन फिनॉमिना है पर औरत के अनकॉमन होने को एब्नॉर्मल पैरानॉर्मल माने जाने का चलन है। इसलिए लीक से परे चलने के सवाल–ख़याल से औरतों को उतना ही घिन करना सिखाया जाता है जितना छिपकली छछूंदर से। आपको क्या लगता है आईने में भर–भर ख़ुद को घूरती औरत

अपने अनहोना दिखने की तस्कीद करवाती होती है? नहीं। आईने से भरोसा माँगा जाता है कि कॉमन तो लगती हूँ न? इतनी न कि आम कि आमपन की मिसाल के लिए जानी जाऊँ? औरत सभ्यता के रथ के महल की जड़ में जड़ित हो जाना चाहती है। एकाध पुश्तों तक याद की जाना चाहती है। कॉमन औरत गुमशुदा होने को बेताब रहती है। कॉमन औरत को खाद चाहिए, पानी चाहिए, हवा नहीं। हवा बहाकर ले जा सकती है। ईमान बदल सकती है। जड़ में जाम हो जाने से अमरता मिलती है। स्वर्ग में बैठकर अपनी बगिया की खाद और जड़ बनकर रहने के लौकिक सुख को देखने के लिए आज और अब की तमाम कुर्बानियाँ। कॉमन औरत दो क़दम आगे चल भी जाये तो चार क़दम पीछे चलने की मजबूरी में भी उफ़ नहीं मानती। पीछे चले गये क़दमों के दम पर आने वाले वक़्त में फिर दो क़दम चल लेने की कामना में। कॉमनपना एक दिमाग़ी प्रोग्रामिंग है। फिर चाहे औरत कामगार हो या निकम्मी। पढ़ी हो या बेपढ़ी।

कॉमन औरत का 'काओमन'

ख़ूबियाँ–

कॉमन औरत को दो तरह के गुरूर पालने पड़ते हैं। धनी पिता, पति, भाई के घर होने का और अगर कमाऊ है तो अपनी कमाई से अपने बेहतर 'जड़' साबित होने का।

वह अपनी आज़ादी को दूसरों से लेने की (लौटाने की भी) चीज़ समझती होती है।

घरवालों के संकटकाल में अपनी आज़ादी गिरवी रखवाकर खानदान की डूबती नैया बचाती है।

वह अपनी आज़ादी का श्रेय किसी नज़दीकी मर्द को देना नहीं भूलती।

गुलामी के प्रकोप का एहसास होते ही नज़दीकी मर्द को जिम्मेवार मानना भी याद रखती है।

लेकिन कॉमन औरत को दो चीज़ें जल्द ही मनवाई जा सकती हैं–

पहली, कि जो हुआ सो अच्छा हुआ और इसी में उसकी और सबकी भलाई थी।

दूसरी, बहुत कुछ जो नहीं हुआ के लिए शुक्र।

कॉमन औरत सितमात की वजह अपनी बदकिस्मती को मान लेती है या उन सितमों में छिपा प्यार तलाश लेती है।

कॉमन औरत वो ख़्वाब पालती ही नहीं जिनके लिए नामालूम दूरी तक जाना पड़े।

वह अच्छी दुनिया चाहती है बशर्ते उसे ख़ुद न बनानी पड़े।

वह बहुत कुछ पाना चाहती है बशर्ते ख़ुद कुछ खोना न पड़े।

तमगे, ओहदे, छवि, सुख, सहूलियत, महफूज़गी सब एक साथ, एक तश्तरी में चाहती है।

उसकी नज़र हमेशा दूसरी तश्तरियों पर इसलिए नहीं बनी रहती कि वह ईर्ष्यालु होती है। बल्कि इसलिए कि दूसरी की तश्तरी की बेचारगी को रचती रहकर अपनी ख़ुशकिस्मती पर इतराती रह सके। इसलिए ही तो हर कॉमन औरत का अपना राज़ों का पुलिन्दा होता है। उसका असल हमराज़ तो ख़ुदा तक नहीं होता। ये अपने परिवारों की सस्ती, सुघड़ और निर्लज्ज कामगार होती है। अपने जतन–लगन को जताना उसकी अहम मजबूरी होती है पर जो हासिल किया उसको ज़ाहिर न होने देना आगे पाते रहने की मजबूरी। हिसाब की लियाकत न होने से कयामत के दिन तक यह फ़ैसला नहीं कर पाती कि कितना लगाया कितना पाया।

क्या ही सितम है कि कॉमन औरतों की लम्बी–चौड़ी जमात दुनिया को ठीक से ख़ुश नहीं रख पाती जबकि इक्की–दुक्की अनकॉमन औरतें अपने कुकर्मों से दुनिया को ढंग से नाराज़ कर सकती हैं।

सुन लो गाँववालो! नहीं होना मुझे काओमन।

अबे! दुनिया की खफ़गी के ख़ौफ़! आ मुझे डस!

और सुनो! ड्रिल इन द ब्लैंक्स।

ग़ालिबन टाइम एक वृत्त है जिसे मेरी काहिली के कुतरने मिज़ाज ने एहतियात से नापा–जोखा और ठीक बीच से कतर–कुतुर कर रख छोड़ा है।

दो फोकी फाँकों में कटकर विलग हुआ वक़्त। यूँ कि आख़िरी महीन सिरे से जुड़े दो बेबस टुकड़े। बच रही साँसें गिन रहे हैं दो आधे–अधूरे अर्धवृत्त। परस्पर विलग कर उलट गये हैं। एक–दूसरे की पीठ से पीठ सटाये झूल रहे बेसबब।

भोगे हुए समय का अर्धवृत्त आने वाले वक़्त के परफ़ेक्ट हैमीस्फीयर को सौंप रहा है एक अधूरा ख़्याल। आँखों से आँखे मिलाना चाह नहीं रहा दोनों में से एक भी।

काश वक़्त होता सीली तलाइयों से निकली मुरझाई रूई सा। जब जी हुआ दिल का कोई रंग़ीला तार छेड़ दिया जाता। धुना हुआ वक़्त अपने रेशे–रेशे से खिल पड़ता होता। सिलसिले सिकुड़नों के न रहते। दिल की सरगमों पे छिटकती–थिरकती हल्काई हुई रूइयों के रेशे। धुना जाता वक़्त बरस–दर–बरस। परत–दर–परत। धूप को देता सौंप सीलन अपनी सारी।

उफ़! आलम ये कि 'अब तक क्या किया जीवन क्या जिया' की बन्दिश जी जला रही बेसाख़्ता। ठीक आधे सफ़र में पथ और पाथेय पर टिकी बेजार हुई सी नज़रें। जी किये जाता है कि किसी तख्ती पर दर्ज कर टाँग दूँ ये एहसास–ए–बेचारगी कि फीलिंग कामचोर, बावरी, कन्फ्यूज़्ड और ऑन द मिडल ऑफ अ ब्रिज टू नोवेयर।

जून जुनून

दिलबर दिसम्बर को विदा कहना आसान था ही कब। बरस के यौवन का चुक कर दिसम्बर बन जाना सुहाया ही नहीं कभी। तुम क्या बीतते हो जीवन के दरख़्त का एक और पात झर लेता है। तुम्हारा बीत जाना जैसे चेहरे में मेरे एक और स्मित रेखा का सहम कर सिमट उठना। तुम्हारी गुलाबी अलविदाई जैसे ज़िन्दगी का कोई सफ़ा उलट दिया हो किसी जालिम पुरवाई ने। तुम्हारा गतांक हो जाना जैसे उठती हुई लहर का कसमसाकर खो जाना सीने में समन्दर के। लौट कर फेरा न डालने वाले तुम। क्या लिख लूँ पीठ पर तुम्हारी अपनी नाकामियाँ तमाम। जुनूँ और वायदों के क़िस्से। कोताहियाँ। ठहरो तो! अनजान गुनाहों में भीगी दोनों हथेलियों को धप्प से छाप दूँ रुख़सत कहती तुम्हारी पीठ पर। बसर भर के हासिलों के चन्द गुल मेरे पहलू में उड़ेलकर गुनगुनाते जाते हुए तुम। जाओ। जी कड़ा कर मुँह फ़ेर खड़ी हूँ अब जाओ भी।

बारह लकीरों वाले झुरमुटी लबों पर अलविदा वाला तबस्सुम टिकाए ओ दिसम्बर तुम कम याद आना।

परिवार और नौकरी के बीच
मायके और ससुराल के बीच
दिल और दिमाग़ के बीच
जज़्बात और विचार के बीच
स्व और पर के बीच
इच्छा और अनिच्छा के बीच
देह और मन के बीच
किताब और सन्तान के बीच
बिस्तर और रसोई के बीच
बीच–बचाव के रास्ते चुनने की पीड़ा ढोना
ही है औरत होना?
हैं?

*पलता होगा पुरुषों की महत्वाकांक्षा का मोती
निष्ठुरता की सीपी में।*

*स्त्रियों की महत्वाकांक्षा का मोती तो निर्भयता की
सीपी में पलता है...*

सदय निर्भयता को साध लेने में प्रकृति स्त्रियों के हक़ में पक्षपात करती मालूम होती है जबकि सामाजिक नियति विरोध में। क्या ही सितम है कि निर्दय निर्भयता से मकाम हासिल करती स्त्री पर पुरुषमय स्त्री का ठप्पा लगता होता है और वह हमारे सत्ताक्रान्त खाँचों में स्वीकृत भी हो ही जाती है।

जबकि निर्भयता के बावजूद कोमल पक्ष को साधकर रख सकने वाली महत्वाकांक्षी स्त्री को रंजिशों, प्रतिवादों और प्रतिरोधों की आतशों से लगातार गुज़रना होता है। दुनिया को बदलती सदय महत्वाकांक्षी स्त्री के रास्ते में आना, निष्ठुर महत्वाकांक्षी जमात अपना पहला काम समझती है। सबसे ज़रूरी भी।

सदय महत्वाकांक्षी स्त्री मानवीयता का सबसे ख़ूबसूरत पक्ष है।

महत्वाकांक्षी स्त्री पुरुष के फैण्टेसी जगत की क्वीन होती है।

वह चाही तो जाती है पर अक्सर उसको पाने का हौसला करने से बचा जाता है। महत्वाकांक्षा से भरी स्त्री के साथ पुरुष को अपना वर्तमान जितना रोमैंटिक लगता है, निकट भविष्य उतना ही डरावना और भविष्य एकदम अनिश्चित। महत्वाकांक्षा से भरी स्त्री के ऑरा में पुरुष को अपना सचेष्ट अर्जित पौरुष संवर्धित होता प्रतीत होता नहीं। सो थक–हार कर पुरुष एक औसत स्त्री को वरता है। जहाँ उसके पौरुष को विश्रान्ति और अर्थ दोनों एक साथ मिल सकें।

इस चाहत के पैराडॉक्स से निजात पाने के लिए जमात ने स्त्री को महत्वाकांक्षा विहीन होना सिखाया। महत्वाकांक्षा का मायना संकुचित किया। महत्वाकांक्षा को पतन और मार्ग विचलन जतलाया।

अन्ततः हमारी जमात को उच्च महत्वाकांक्षा के साथ–साथ उसको हासिल करने की ऊर्जा और क़ाबिलियत वाली कम ही स्त्रियों को सहना पड़ा।

कुछ ठिकाने लग गयीं पर कुछ ठिकाने पर पहुँच भी गयीं।

ऊँची उड़ान फ़रमाइशी मकाम

जब–जब जमात की किसी औरत की महत्वाकांक्षा का पारा परवान चढ़ता है तब–तब मुल्क के अमन–ओ–चैन पर ख़तरों के बादल मँडराते हैं। जब–जब किसी औरत के कोमल मन में आरज़ू–ए–बुलन्दी का मोती पलने लगता है तब–तब दस्तूर–ए–जमात की सलामती के लिए कई कर्णधार चौकन्ने हुए पाये जाते हैं। अमाँ मियाँ माना कि आपने औरत और मर्द की परवरिश और तालीम के वक़्त ही अलग–अलग दुनिया की मिल्कियत के ख़्वाब की ज़ंजीर से बख़ूबी बाँधना चाहा। पर क्या है न कि आपकी मालूमात के बग़ैर ही चन्द औरतों के बोनसाई ख़्वाब गमलों की हदें फलाँगकर ज़मीन में उगने और आसमान की ओर उठने की मंशा पर उतर आये।

नहीं आप इस कदर अफ़सोसनाक चेहरे बनाकर शर्मिन्दगी में मत डालिये। कसूर आपका कहाँ। आपने तो नेकी की और कुएँ में डाली। आपकी दरियादिली है कि आपने ऊँची उड़ान भरकर हमारे मुँह के बल गिरने की नौबत को कसकर रोके रखा। आपने हमें रेंगना, खिसकना, सरकना, माँद तक पहुँचना और वहाँ टिकना सिखाया। बड़ी दुनिया की गुलामी के ख़तरे को भाँपकर छोटी दुनिया की मलिका बनने का फ़न भेजे में ठसाठस भरने में कोई कोर–कसर न छोड़ी। पर क्या है न कि 'बेस्ट बिफोर अंटिल यू एस्पायर बिग' वाली चेतावनी की इस टेट्रापैक दुनिया के बाहर का चस्का जी जो लग गया। जी

आपने सही कहा चींटी के पर निकल आये। चुहिया पहाड़ से ब्याहने के ख़्वाब देखने लगी।

प्यार, परवाह, लिहाज़ इन तीन वजहों से आपने ख़तरों, मुसीबतों और सपनों से बचाकर रखा मुझे। खज़ाने की चाभी तक सौंपी। बतौर मलिका–ए–गुड़ियाघर, मुझे यकीन होने लगा था विध्वंस और निर्माण की ताक़त अपनी मुट्ठी में होने पर। आपने सही कहा कि ऐसे जहाँ की पटरानी होकर भी जो चैन न हुआ तो भी बाहर की ख़ाक छानने का भी एक सलीका हुआ करता है। उड़ान की एक तय ऊँचाई हो फैलने की एक सरहद हो। घूम कर आने की एक परिधि हो। नदी में रस्सी के सहारे उतरो। पटरी जिधर तक बिछी हो वहीं तक की यात्रा करो। खूँटे की याद मन से उतरने न पाये। बिना खोये पा सको तो ठीक वरना माँद में लौट आओ। इरादे की पतंग का आसमाँ कितना भी ऊँचा खुला हो मर्दानी डोरियों की काट की पहुँच रहेगी ही। उनसे उलझे–भिड़े–कटे बिना महफ़ूज़ उड़ान भरो। अगर हारी हुई घर लौटीं तो माद्दा हिमाकत कहलाये है और हिम्मत अश्लीलता। सपने वही जो पिया मन भाये। अपने वही जो रस्ता रटवाएँ। हार के आगे बहुत बड़ी मार इन्तज़ार कर रही और जीत के आगे तोहमतें। पुरुष का पौरुष और जज़्बा दाँव पर लगता है तो स्त्री दाँव पर लगाती है घर, सुकून और चरित्र। आप जीतकर लौटीं या हारकर। घर वही और वहीं नहीं मिलता। सुकून, बिन जल की बदली हो जाता है और चरित्र की ढह गयी दीवार के सहारे पीठ टिकाई जाती नहीं। मर्दाना महत्वाकांक्षाओं के नंगा पर्वत से टकराकर पंख लहूलुहान हों तो जिद्दी। कतर दिये जायें तो बेलिहाज़। नोच डाले जायें तो आवारा–अड़ियल। साबुत रह गये दिखें तो मर्दवार।

जनाब मेरी छिनाल आरज़ू का ब्योरा लेकर आप करेंगे क्या। खामख़्वाह वहशतग्रस्त होते फिरेंगे। आह मैं जानती हूँ कि सेट–वेट सेक्सी दुनिया से आपको कित्ता लगाव है। इसे औरतों के हाथों में देकर इसका इन्तख़ाब करने वाले पुरखों की मेहनत नाली में जाया जाते देख आप कैसे आहत होंगे।

सुनिये! मेरी तमन्ना है सियाह अँधेरों में अपने मनमुताबिक ज़रूरियात के कामों को अंजाम देने निकल पड़ने की। मुल्क का आधा या पूरा मालिकाना हक़ पाना है मुझे। वाजिए क़ानून की क़तार में बराबर की उम्मीदवारी हो मेरी। मुझे तलब है मुल्क की संसद में आधी से भी ज़्यादा सीटों को मलकर बैठने की। और सुनो!

तेरी ऊँची अटारी....मैंने पंख लिए जुड़वाए।

उन पुरुष दोस्तों से बातचीत करते हुए दिक्कत महसूस करती हूँ जिनके हिसाब से सभी औरतें कोई भी बात घुमा फिराकर ही कहा करती हैं। जिनकी ट्रेनिंग उनके हमसफ़र ने ऐसी कर दी होती है कि वे बाक़ी औरतों से बातचीत में भी बात का छिपा मायना ही तलाशा करते हैं। शायद अपने हमसफ़र को ऐसी प्रच्छन्न मायनों वाली ज़ुबान बोलने के लिए वजहें देने वाला भी साथ रहने वाला पुरुष ही होता है। ऐसी टफ़ ट्रेनिंग पाये पुरुष की शायद ही कभी डीलींग हो पाती हो। शायद ही किसी स्त्री से अच्छा संवाद होने की गुंज़ाइश बनती हो। शायद ऐसे पुरुषों को औरत ज़ात ही एक पहेली लगा करती हो।

जबकि इसी दुनिया में ऐसी औरतें भी हैं जो अपनी बात को सीधे–सीधे कहना जानती हैं। बिना लाग–लपेट। बिना लारे–लप्पे। बिना प्रपंच के। बिना तानों और तोहमतों के।

सुशीलाएँ जन्नत में जाती हैं पतनशील हर जगह–सीमित दुनिया के महफ़ूज़ दायरों की आदत को छोड़कर यायावरी पर निकल पड़ने के ख़याल ने मुझे हमेशा ललचाए रखा। पर अकेली यात्राएँ क्यूँ व किसलिए का जवाब ख़ुद को देने में मैंने दशक लगा दिये। सच्चाई यह है कि छल भरे सुरक्षा कवच को पहली दफा तोड़ने में काफ़ी ताक़त लगती है। अपने अनुभव से कह संकती हूँ कि कोई भी स्त्री जब सफ़र पर निकलती है तो अनजान ख़तरों के कल्पित खौफ़ तले और दी गयी हिदायतों की पोटली लिए निकलती है। पर भटकने, बढ़ने और आज़ादी का स्वाद चख लेने के बाद कनक कोठरी के सुख बेमानी लगने लगते हैं। आर्थिक रूप से आज़ाद होने की पैरवी तो आज की जाने लगी है। पर असल बात यह है कि अकेले सफ़री झोला लिए दिखती औरत को देखने की आदत नहीं है समाज को।

आज़ाद अकेले घूमने–फिरने में दैहिक ख़तरों की दुहाई देने वाले तर्कों को नज़रअन्दाज़ करना ही होगा हमें। यूँ भी यकीन जानिये कि दुनिया की ख़ूबसूरती और संसाधनों पर अपना भी बराबर हक है–यह जान लेने के बाद भटकने के ख़तरे हौवा नहीं लगते। दुनिया को अकेले घूमती सफ़र करती औरतों की आज़ादी की इज़्ज़त करना सिखाना भी तो हमें ही है। बेटियों के लिए बेहतर और बराबरी भरी दुनिया बनाने के लिए अकेले सफ़र के ख़तरे तो मोल लेने ही होंगे। इसलिए नापतौल कर, देख–भालकर और दिखाये गये रास्तों से परे अनदेखे रास्तों पर चलने का रोमांच हासिल करना ही होगा।

सैर कर दुनिया की ग़ाफ़िल

ऊपरवाला बस देख रहा है
मंगल तक को हेयर कट
वीर को भी हेयर वॉश,
नवरात्रों में अण्डा–सेवन,
बुतपरस्ती आती नहीं
ईशनिन्दा कहीं कहीं
मन्दिरमार्ग पर हेडहेल्डहाई,
निरर्थक विस्मयादिबोधकों–ओ गॉड! या अल्लाह! देवा–देवा!
हे राम! का इस्तेमाल कर बैठना।

बालकों को भगवनभय से नियन्त्रित न करना। मुस्लिम घरेलू सहायिका से काम लेना।

हेलो के पर्यायादि (राधे राधे राम राम आदि) का राधे राधे राम राम में प्रत्युत्तर।

इनबॉक्स में नवरात्रा आदि मित्रवत धार्मिक सन्देशों पर स्माइलादि से प्रत्युत्तर।

जन्मदिनादि कम जागरण चौकी आदि पर निर्द्वन्द्व भाव से भोजनादि ग्रहण करना।

पड़ोस के प्रसाद प्रेषकों से प्रसादोचित भंगिमा से बूँदी आदि ग्रहण करना।

बीमार, व्यथित, व्यग्र, उग्र उपासक की धार्मिक बहस में हास–परिहासादि से काम लेना।

हेडेकादि लेने–देने से पूर्व विराम ले लेना।

मैं हिन्दू ना सही

हे भगवान! तुम सभ्य तो हुए नहीं

आजकल राजधानी के वाहनों के पिछवाड़े पर क्रुद्ध चेहरे वाले भगवान हनुमान को चिपकाने का चलन ज़ोरों पर है। दूसरी तरफ़ रामनवमी के पावन पर्व पर नये वाले चॉकलेटी राम भी मार्किट में अवतरित हुए हैं। पीठ पर धनुषधारण के साथ–साथ पेट पर पूरे के पूरे छह पैक भी धारित करने वाले भगवान राम इस वॉल से उस वॉल, इस खिड़की से उस खिड़की भिजाये चिपकाये जा रहे हैं।

देखिए आपके देवता लोग आपकी मर्ज़ी। अपने को क्या। पर क्या है कि धार्मिक त्योहारों पर जब लोग पूजा–काज में लगे होते तब

अपने को खुराफ़ात की खुजली ज़ोर से लगने लगती। तो इधर आकर बाल की खाल निकाल रहे आशा है कि आप ज़्यादा तनावित न होंगे।

हाँ तो दोस्तो बात यह कि मन ही मन भगवान की सख़्त बेपरवाही करने वाली कन्या जब बड़ी होकर कड़ी वाली काफ़िर बनी तो उस तक के मन में दो मेन भगवानों की इस गति पर पर्याप्त पीड़ा उठी है। हैरानी भी उठी कि देश और धर्म के पर्यायकरण करने वाले उन बात–बेबात आहत हो जाने वाले भक्त जनों का ग़ुस्सा ईश–प्रदूषण की इन हिमाकत भरी घटनाओं पर नदारत? काय कू रे?

राम झूठ न बुलवाए तो सच कहूँ कि रामायण के राम जी के मर्यादा पुरुषोत्तम रूप की दीवानगी अपन के दिल में तब से थी जब अपन मुहल्ले और टीवी पर रामलीला के लाचार दर्शक बनाये जाते थे। काफ़िरी को सीने में दबाये–दबाये जब अपन खजूरवत बड़े हुए तो निराला के राम पर फ़िदा हो गये। हनुमान जी पर मरना ठीक वैसे ही रहा जैसे उपनायक पर मरा जाता है। इस वास्ते अच्छे–भले अपीलिंग भगवानों की ऐसी बेकद्री के ख़िलाफ आवाज़ उठाना अपना फ़र्ज़ लग रहा अपने को।

अर्रे! इससे पहले के आप इस लोफ़राना अन्दाज़ के चलते नौ–दो–ग्यारह हो लें बता दूँ कि फ़िलहाल मेरा इरादा इतने ज़हीन, मर्यादाशील, कर्मवीर, असुर निकन्दन देवताओं की छवि में सेंध लगाकर उसमें उग्र मुल्कवाद के छर्रे फिट करने की साज़िश को जतलाने भर का है। और कुछ नहीं। कसम से।

मसलवादी भगवानों के मसले

कहे दे रहे कि आपका आप जानें पर मेरे मन में बसे किरदार श्रीराम राजीव लोचन हैं। भवें विशाल धनुर–सी तनीं बनीं। रसायन राम। नयनों से प्रिय सम्भाषण करने वाले। स्थित प्रज्ञ। स्थिर राघवेन्द्र

जिनको यदि हिला रहा संशय पर तब भी निष्कम्प दीप की ज्योति से जगमग करते से। सजल नयनों में जगती भर के लिए जो पूरी पड़े वह स्नेहसिक्ति लिए से। दिव्याभा से दीप्त वदन। इन्दीवर निन्दित लोचन से स्मित बिख़ेरते हुए से। पीड़ाहर्ता। परदुःखकातर। श्रम–स्वेद से जड़ित यौवन। अन्याय और अँधियारे से सतत संघर्षरत।

अजी आप अपने नये राम को गढ़ते हुए जिस पौरुष को जिमोत्कर्ष भाव से रच रहे वह तो फुसफुस राम है। मंचित मॉडल राम। कठपुतली राम एमेच्योर के मनचले मेकअप से उत्कीरित। आत्मरति में लिप्त राम। जन–जन के राम नहीं वे। ये तो बाज़ार के राम हैं। विज्ञापित राम। आयातित राम। खालिस रघुनायक की तरल छवि पर आरोपित उथले मस्तराम।

वैसे अपने को कम समझ में आता कि रामसिया प्रिय बालसुलभ भोलेपन वाले हनुमान छवि की विदाई की जा रही है या अपहरण। पर यह तो तय है कि हनुमान की नयी डब्ल्यू डब्ल्यू एफ छवि जम रही है भक्तों को। ''आतंक की करो मौलिक कल्पना'' –के तहत जीने वालों को एक भले देवता का दरिन्दगी भरा रूप ख़ूब रुच रहा है। बल लेकिन दिशा–विहीन। शक्ति लेकिन संवेदनाविहीन। पौरुष लेकिन मर्यादाविहीन।

मज़ाले सुखन कहेंगे आप पर अपन को कहना पड़ेगा कि यह शफाख़ाना वाली ताक़त का धार्मिक स्थापन है। बदले और भय का मानकीकरण करना है। नये हिन्दू राष्ट्र के ओल्ड इज़ गोल्ड देवता लोग के पुनरुत्थान की आड़ में की जा रही धोखेबाज़ी है। इसे एंग्री यंग मैनों का देवताकरण कहिये या देवताओं का साधारणीकरण। एक नये धर्म–युद्ध के लिए देवछवियाँ तैयार हो रही हैं और फ़िलहाल वह स्थापना–काल में है। जिसका मकसद विधर्मियों के खात्मे

वाली रघुकुल रीति स्थापित करना है। जहाँ अधर्म की परिभाषा का अतिव्याप्तिकरण किया जाना तय है। गाय, प्रेम–विवाह, देशगान, शत्रु धर्म; नये मसले, नये धर्म–युद्ध, नये देवता। क्रोध, बर्बरता और मदान्धता से लबरेज़ देवता।

लगता है वह वक़्त आ गया है जब हमारा उग्र देशप्रेम और हमारी अन्ध भगवत्‌भक्ति "मैं तुममें समा जाऊँ तुम मुझमें समा जाओ" की सम्भोगशील अवस्था में रत हैं। आने वाले वक़्त में राम और हनुमान अपने भक्तों की आरोपित भावना के जाल के सबसे निरीह क़ैदी होंगे। तुलसी के राम हनुमान से लेकर निराला के राम हनुमान तक के रेखाचित्र हमारे जिहाद की ज़िद से विरूपित हो लेंगे। एक वक़्त था जब औरतों को घर और रसोईघर में घुसाया गया और देवताओं को उनकी हिफाज़त निगरानी का जिम्मा सौंपा गया था। एक यह वक़्त है जब देवता हमारे वाहनों की पीठ पर चिपक चल रहे हैं। आग्नेय नेत्रों से, तनी भृकुटी से उग्र चेतस देवता शैतान में म्यूटेट होते जा रहे।

आज सड़कों पर भक्ति बह रही कल बहेगा ख़ून। क्या देख रही हूँ। देवता और शैतान पास–पास आ रहे। रेखाएँ ओवरलैपिंग कर रहीं। हट्ट!! चश्मे का नम्बर बढ़ गया लगता है।

हे राम! हे रावण!

प्यार में सौदा नहीं

जब प्यार नहीं तो करना क्या...

उल्फ़त भी एक लोचा है

जब–जब हम इस गुमान में आते हैं कि ज़िन्दगी अब हमें और हैरान कर नहीं पायेगी, ठीक तभी ये ऐसा पैंतरा खेल जाती है कि हम दोनों हाथों की अँगुलियों को क्रिस–क्रॉस कर घुटनों के बल बैठकर उससे दुहाई माँगने को मजबूर हालत में पाते हैं ख़ुद को। प्यार के पासे खेलते वक़्त–सा बेदर्द कुछ नहीं होता जहान में। अधूरे स्पर्शों की अधूरे आलिंगनों की फाँस–सी कँटीली दूसरी कोई शै नहीं।

कई मर्तबा सोचती हूँ कि कोई भी सफ़र इतना सीधा होता भी कहाँ होगा कि तयशुदा जगह से शुरू होकर तयशुदा मंज़िलों तक पहुँचने के बीच में किसी अनजान मोड़ पर कुछ पल ठिठककर ठहरता या छिटककर भटकता न हो। इस सफ़र पर चलते–चलते हम दो हिस्सों में बँट से जाते हैं। एक हिस्सा अपनी रौ में बहे जाने की धुन का पाबन्द, दूसरा बहककर बलखाकर चन्द फ़ासले अपने दम पर तय करके लौटने का वायदा किये निकल पड़ने वाला। हाँ ठीक ऐसा ही तो था तुम्हारा मिलना। तुम्हारा मिलना जैसे दो रूहें एक–दूसरे की छुअन की ख़ुशबू बटोरे बहुत सटकर गुज़र गयी हों। जैसे अपनी–अपनी धुरी पर फिसलते हुए किसी झोंके से बलखा गये क़दमों का चन्द नफ़स को साथ हो लेना और फिर अपनी मंज़िल की सीध को चुपचाप चल लेना। बेआवाज़ इतना कि वक़्त के चपल चेहरे पर एक

भी निशां दिखायी न देता हो। तुमसे मिलना जैसे बहकी हवाओं में फड़फड़ाते हुए दो परचमों का पहले लिपटना और फिर छिटककर अलग हो जाना।

तुम्हारा मिलना जैसे एक अजनबी राहगीर के वजूद की बागी बूँद छिटककर जा उड़ी हो दूर किसी शाख की मासूम कली पर। तुम्हारा मिलना जैसे किसी टाइम बबल में ट्रैप होकर वक़्त की सुइयों की टिकटिक को अपनी साँसों में उतार लेना। यह साजिश है वक़्त की या मौसमों की या ख़ुदा की नहीं जानती मैं। वरना क्यूँ होता ऐसा कि हम प्रेम के इतने सघन क्षणिक आवर्त से निकल चुकने के बाद बाहोश होते हैं। तब–जब वह पल गुज़र चुकता है सीधी–सादी हवा रास नहीं आती जी को। लौटकर उसी झंझावात से फिर से गुजरने का मन मचलता है। बाज दफा मचलता है। बड़ी शिद्दत से मचलता है।

जानते हैं कि मकामात सीधे बहने में हैं पर उस काल बिन्दु का क्या करें जो मिलाता और जुदा भी कर देता है। बस उस घड़ी, उस डगर, उस शहर को सलाम ही पेश कर सकते हैं। बाज दफा ये ख़याल करती हूँ कि एक–दूसरे के वजूद में इस हौले से क़दम रखकर निकली ज़िन्दगी क्या पहले–सी ही रह पाती है। बेताब बहते वक़्त के बेरहम हिसाबो किताब के लिए यह मामूली–सा टकराकर गुज़र जाना। ख़ुद की काई जमी साँकलों का झनझनाकर खुल पड़ना है जैसे। उपवन के निर्जन देवालय की उदास वीणा का यकायक झंकृत हो उठना। बुतों की शान में खलल–सा बज उठना। लम्बे फ़ासले को तय कर चली आती अजान पर किसी उचाट नींद का टूट जाना। बन्दगी अता कर दुनियादारी में लौट आना है यह मिलना। इश्क के इबादतखाने में पुरखुलूस सजदे कर अपने लोक में लौट चुकी दो ज़िन्दगियाँ हैरां हैं। ताउम्र ख़ुद से कहे जाने वाले अफ़साने पर ताअज्जुब से लबरेज़।

मैं बैठी हुई हूँ इक अनजान क़स्बे के बेगाने से स्टेशन पर थामे हाथ तुम्हारा कसकर। अँगुलियों में अँगुलियाँ फँसाये तम्हारी मुन्दरी से खेलते। रेलों का भड़भड़ाते गुज़रना, उकताते ठहरना देख रही। मामूली स्टेशनों पर कोई भी रेल कहाँ रुकती है ज़्यादा वक़्त। अभी आयेगी एक कोई और सवार हो लूँगी मैं भी किसी डिब्बे में। स्टेशनों पर बिला सबब मना है ठहरना। तुम भी महसूस किया करते हो इन आड़ी–तिरछी पटरियों की पीड़ा। कभी साँप सूँघी–सी कभी–कभार एक–दूसरे को चीरकर नये रास्ते बनाती–सी। पगलाई पटरियों पर फिसलते वक़्त का रेल–सा गुज़र जाना और दो छितरी हुई कहानियों का लोहे की लकीर–सा थरथराना। कैसे सोख जाती हैं इतना तीखा घर्षण। पल में मिलना। एक–दूसरे में फाँक बनाकर गुज़रना। अपना बहुत सारा लोहा एक–दूसरे में छोड़ आना। कुछ आग–वाग बटोर लाना। और फिर चुपचाप किसी तयशुदा रास्ते का रुख़ लेना। मैं कैसे जानूँ कि तुममें भी इस टकराहट की तपिश ज़िन्दा है, जैसी है मुझमें बरकरार आज भी। मेरी भी कुछ ख़ुशबू तुम्हारे जिस्म पर कहीं चस्पाँ रह गयी है क्या। मेरी मुट्ठी में उस बीते हुए पल की नम रेत महफ़ूज़ है अब भी। तुम्हारी जेबों में भी उस रेत के चमकीले गीले कण मौजूद रहा करते हैं क्या। उन चार आँखों की चमक के इन्द्रधनुषी चाप उतनी ही साफ़ देखते हो तुम भी जितनी साफ़ दीखती है मुझे। लरजते एहसासात की आँच में वो कहना, वो सुनना, वो गुनना। दिल का कलमा गुपचुप पढ़ने और जुबाँ से कुछ का कुछ जताने की रस्म। कितनी गर्माइश। कितनी ललक। कितनी कशिश। कितनी आराइश। अगर ये पता हुआ होता कि इस तरह जुड़ने और बिछड़ने के सामां इसी फलक में मौजूद हुआ करते हैं तो पल से ख़ूब–ख़ूब ख़ुशबुएँ रंग–औ–बहार लूट लायी होती।

पीछे जिस मोड़ पर जुदा हुए उसी बिन्दु पर लौट पड़ने की ख़्वाहिश कहीं आँख–मिचौली करती भरमा रही। मन को मुट्ठी में भींचकर। अश्कों में भीगे रूमाल सा लपेटकर। एक हरजाई निष्ठुर पल की कारस्तानी का निशाँ लिए अपने बेगाने ग्रहों की यात्रा पर निकल पड़ना। शिकवा किये बिना। नाले किये बिना। आब–ए–चश्म बहाये बिना।

प्रार्थना में मुँदी हैं आँखें मेरी। पलकों पर कुछ तुम्हारी नमी। यह तुम्हारी है कि मेरी। क्या मालूम। तुम्हारी सुतवाँ अँगुलियों वाली गर्म हथेली जैसे बालों में फिरती हो दुलार से। फिरकी–सा घुमाती हो लाड़ली लटों को। चुपके से लबों पर एक अँगुली टिकाकर खामोश रह जाने की ताकीद देते हुए तुम। राहों के शोरोगुल से परे एक गुमनाम कोने में एक–दूसरे को सुनो चुपचाप चुपचाप। भीतरी साधना की कोठरी में एक लौ–सा जलने दो इस स्नेह को। अलग ग्रह पिण्डों पर टके हम एक ही चाँद पर टकटकी लगाये बैठे हैं जानाँ किये।

मोहब्बत भी ज़रूरी थी बिछड़ना भी ज़रूरी था!

ड्राइव करते हुए ग़ज़लें सुनना यानी कानों में उतरे ज़लज़ले को बदली बन आँखों के ज़रिये मुसलसल छलछलाते जाना। पता नहीं बाथरूम में बन्द होकर या बिस्तर पर औंधाकर कैसे रोया जाता होगा। रोने का मुफीद स्पेस मुझे तो यही मालूम पड़ता है। निखालिस अपना कमाया स्पेस...

...रूह की परतें साइड की सीट पर और नज़र आवारा अकेली सड़क पर। पैर एक्सलरेटर पर हौले से और भावों की ब्रेक पर दबाव एकदम सिफ़र। पता है आँखों की कमीनी आदत का पर बटुए में रूमाल रखने की फितरत कभी हुई ही नहीं। बस उतरने से पहले वाटर प्रूफ़ लाइनर की बिगड़ी लाइन को दुरुस्त करना और दामन का भीगा कोर पलट देना भर सीख लिया है। वह भी यों कि थके हो या बीमार हो जैसे रस्मी लेकिन लाज़मी सवालात का कोई जवाब देने लायक फुर्ती जुटाये बिना ही महफ़िल में पहुँच चुकती हूँ...

ख़ैर अक्सर शुक्र मनाती हूँ कि चलती गाड़ी में बहती आँखों के चलते कोई ड्राइविंग रूल टूटा नहीं माना जाता।

यशस्वी लव

वह क़बूलसूरत सामने था मेरे। मुझे उसकी चाहत भी थी और फ़ाशगोई का इरादा भी। वैसी वाली तहज़ीब की क़द्रदान लड़की नहीं थी मैं। सो, दफ़्तर के किसी काम का बहाना बनाये बिना खालिस मुलाकात की तलब जताई थी उसपर। दफ़तन की गयी मेरी गर्वीली पहल का हसीन अंजाम आज रू–ब–रू था। घूरने, ताड़ने, तकने, भेदने, तोलने, छलने वाली निगाहों के कैक्टसों की चुभन से आजिज़ थी मैं और वो था यकीन भरी मृदुल आँखों वाला सजीला। उसकी गुलपाश नज़र के साये में कुछ वक़्त गुलज़ार करना था मुझे। मेरे चेहरे–मोहरे से साफ़ ज़ाहिर हो रहा हो तो हो जाये कि देखने के अदब की माहिर उसकी निगाहों के असर की शैदाई थी मैं इस वक़्त। कॉफी, क़िस्से और कहकहे तो बस बहाने थे। इस सलीकेदार ख़ुशदिल शख़्स की रंगीनिये नज़र के औरा में जी–भर भीगने की तमन्ना असल थी।

हाथ बढ़ाकर जाम उठा लेना और लबों से लगा लेना थी यह मुलाक़ात। वह नूर भरी नज़र मेरी आँखों से लगी थीं। गिरते हुए झरने के सफेद पानियों की खुन्क फुहारें मुझपर छिटक रही थीं मानो। उसकी ख़ुशमिज़ाजी ख़ुशपोशी और लतीफ़ निगाह से पुरसुकून लय में चाहतें बरसाना। उतर जाऊँ क्या इस गहरे समन्दर में? शुबहे की लाइफ जैकेट के बग़ैर ही?। या फिर असर की ये लज्ज़तें

सहेजकर चलती बनूँ? रफ़्ता–रफ़्ता ख़र्च करती रहूँ ताहयात? दफ़्तर काम काग़ज़ों की खुश्की के बीच सहेजी हुई नमी की राहतों को ही बहुत मान लूँ। प्रेमिल लहरों के राजहंस पर बैठकर सोच रही मैं।

उसकी सुलझी शख़्सियत तिस पर मुसलसल बनी रहने वाली अर्ध चन्द्र मुस्कान। निर्विकार, निर्निमेष निगाहों से अपनी निगाहों का सटना रास आ रहा था मुझे। मेरे वजूद का भर–भर अभिनन्दन था यह। इसमें बराबरी थी। आत्मा की आभा से मिलने की ख़ूबसूरत उत्कण्ठा। हड़बड़ी नहीं। जल्दबाज़ी नहीं कोई। रम जाने का सहज एहतियात बरतती नज़र। ये नज़रें मुझे तोल नहीं रहीं। मेरा वरण कर रही हैं। अपनी अन्दरूनी बुद्बुदाहट सुनायी दे रही थी मुझे– हैण्डल विद केयर समथिंग इज़ श्योरली फ्रेगाइल। ये क्या? आय वोंट माइण्ड पैम्परिंग लाइक एनी अदर वुमेन। अपनी इस चाहत से मेरा तआरूफ़ आज जाकर हुआ। डटकर कुरेदने और बारास्ता निगाह जबरन भीतर घुसपैठ की ज़िद्दी नज़रें तो बहुत देखी थीं। 'मेरी नज़र से देखो' वाली सय्याद नज़रें रास ही नहीं आयीं कभी। मुझ जैसी हाइली प्रोन टू इश्क तक को सख़्त बना चुकी थीं। मज़बूत मानी गयी लड़कियों के बारे में यह ग़लतफ़हमी आम है कि वे प्रणय के पलों में भी सख़्त बनी रहती हैं और इसलिए न कोई उन तक चलकर आता है न वे चलकर किसी तक जाती हैं। इसलिए ढाली जा सकने वाली लड़कियों को प्रणय निवेदनों की कमी नहीं रहती पर मज़बूत लड़कियों तक अगर कोई चलकर आ भी जाये तो लौटने की जल्दबाज़ी कर जाता है। ढलने को तैयार प्रेमिकाओं और ढालने के अभ्यस्त प्रेमियों के बूते दुनिया में प्यार–प्यार खेला जा रहा है। मेरे प्यार में मेरा माशूक़ इतना बदल गया कि मेरे जैसा ही हो गया हर दूसरे प्यार का दम्भ और दावा। जबकि माशूक़ को उसकी मौलिकता के साथ चाहने का जोखम बहुत कम के बूते की बात होती है। बिछी हुई निरीह

हिरणी सी लड़की। ओ मेरे सजीले साथी! 'कोई तो मुझे चाहो मुझे पा लो' की याचना से भरी लड़की, समर्पण की तमाम गारण्टियों से लैस लड़की तुममें चाहत नहीं सुलगा सकती होगी न? हमकदम, हमबाजू, हमराह की ये चाहत मैं तुम्हारी आँखों में पढ़ रही हूँ या कि रोप रही हूँ? फ़िलहाल ज़रूरी तो नहीं जानना।

ओह! लफ़्फ़ज़न पढ़ने से पहले नज़रों को पढ़ने की बेमुरव्वत खब्त यहाँ भी साथ चिपकी रही। मैं बाँच रही हूँ तुम्हें। यही है वह नज़र जो किसी स्त्री को अपनी पूरी ख़ूबसूरती के साथ सहज होने के लिए रेड–कार्पेट वेलकम देती है। इस नज़र में स्त्री का जिस्म उसके वजूद का हिस्सा भर होता है। सारा वजूद जिस्म पर कायम और जिस्म तक ही पर सिमटा नहीं होता। नज़रों के असर से किसी स्त्री को सहज और सुन्दर और प्रेय महसूस करा सकना कोई फौरी ओढ़ी हुई अदायगी हो ही नहीं सकती। मैं कहती हूँ ये अदब, ये सलीका बस तुम्हारे भीतर की उजास है। उस सलीके का निर्बाध छलछलाना है आँखों के रस्ते प्रिय! मुझे इस नज़र के साये में शाम ढले तक रहना है और शब भर इस ख़ुशबू भरी नज़र की चादर को सर तक तानकर महफ़ूज़ नींद सोना है।

डिजिटल्ली आपकी

डूब के लिख
पर लिख के उसी में डूब मत।

ज्ञान समाप्त।

कवित्त 2.0

गर फेसबुक साहित्यिक रिज़ॉर्ट है तो फेसबुकीय कविता इसमें बना पावन पूल है। जबर जज़्बात के जल से बना पूल। मने शायरा लोग की करुणा से लबालब भरी वाटर बॉडी। साहित्य–सेवी सम्पादकों का ओवरटाइम। इमोशनल फूल पर अन्यथा कूल कवयित्रियों का रफ़ पेपर। अदब के दरिया में गुमनाम ड्रॉप आउट्स के अफ़सानों से डरी–डराई हुइयों का जाना–पहचाना हाइड आउट। हक़ीक़ी साहित्यिक हाइवे पर उतरने को बेकरार कवितावालियों का वर्चुअल ड्राइविंग स्कूल।

हज़रात! हैरत की बात यह नहीं कि फेसबुकीय काव्य–सरिता की ज़नाना धारा ख़तरे के निशान से ऊपर और मर्दाना धारा से अधिक उफ़ान के साथ बह रही है। बल्कि ताअज्जुब यह कि हमारी वाकफ़ियत से परे वे ऐसी कौन–सी वजहें हैं कि वर्चुअल एम्फीथिएटर को पाकर हर औरत माइक टेस्टिंग पर उतर आयी है। फेसबुकी बगिया को अपनी कवितामयी पीड़ा की ओस से भिगोने पर तुली है। क्या बारास्ता फेसबुक साहित्य का रीतिकाल नये युग की कविता का प्रीतिकाल बनकर उफन पड़ा है। याकि यह कि हर औरत दरअसल प्रेम की मारी, वियोग में दुखियारी, जज़्बाज से तारी पहले से थी और बस यह जताने की जगह न थी। पर अब मिल गयी है। ज़माने को उनके इस गहरे राज़ की ख़बर न थी। पर अब हो गयी है।

ठीक कहा आपने कि ख़ुदा के करम से कुछ तो कविता–विहीन फेसबुकवालियाँ हैं। मने गद्य लिखनेवालियाँ। एकदम ग़ैर–रिदमिक। उनके सख़्त दिल की ज़मीन पर कविता की नाज़ुक फ़सल उगने ही नहीं पाती। इन मर्दानियों के दिमाग़ ज़्यादा चलते हैं। दुनिया की दिक्कतों पर अपने खदबदाते ख़यालात लिखती हैं। क़लम की कलाबाजियाँ दिखाना शगल है जी इनका। ये न केवल कविता करने वाली देवियों से खार खाती–सी होती हैं बल्कि मर्दों वाले रसहीन मसलों में ऐसे घुसी रहती हैं जैसे वे उनपर न बोलें तो धरती का गोला अपनी धुरी से ही उतर जायेगा। और सुनो। बोलती हैं कि जैसे गोरेपन की क्रीम पर दोनों लिंगों का अधिकार है वैसे ही दुनिया के दुखों पर कलम चलाना भी दोनों लिंगों का काम है।

लेडीज़ कवित्त भी कोई धारा है

उधर काव्य की कुल्फी में स्टिक–सी अड़ी फेसबुक शायरा लोग हैं। अल्लाहताला ने उनको ऐसी कलम थमाकर धरती पर भेजा कि जिससे सिर्फ़ शायरी उपजती है। नस्र उपजाने के वक़्त वो कलम ऐंठ जाती है। फालिश या लकवा मार जाता है। ज़रा ज़ोर मारकर अकविता में कहना पड़े तो नोक टूटने की नौबत समझो। क्रौंच वध के साक्षी कवि को वियोगी कहने और कविता को आह से उपजा गान कहने वाली अदबी जमात के ज़नाना डिब्बे की सवारियाँ हैं ये सारियाँ। औरतों के दुख हों या दुनिया के। सब पर फेसबुकोचित कविता बनाना अपना आपद्धर्म समझा करती हैं। निजी वाले दुख से ये लोग उबरने पाती ही नहीं कि दुनियावी सोज़ पर शोक मनाने का नम्बर भी आये। दुनिया के दुख भी सालते होते हैं पर नज़दीकी दुखों की मार का सदमा फर्स्ट। कहती हैं हमारे पर्सनल दुखों पर लिखने को देवता तो

आने से रहे। निज में ही पर और पर में ही निज दुख देख लो ऐसा बोलती हैं। बीवी, घर, बच्चे की घिचपिच से फारिग रहकर दुनिया के जनाज़े को अपना कन्धा देने वाले कविगणों से जलती हैं। बोलती हैं हम कवयित्रियों को दूर से देख ही लेने दो इस मय्यत को। मातमपुर्सी भी करने पहुँच जायेंगी पर हरदम अपने कुनबे के दुखों को तजकर ज़माने के दुखों की वकालत करने से क्या।

अजी आपकी भवें ऊँची–नीची होके मुझसे यही सवाल पूछ रही हैं न कि दुखों का ऐसा महा सरलीकरण काहे को हुआ होगा? इतना सरलीकरण कि ज़नाना कलम से निकली आह रसोई, बिस्तर, घर, गली से निकलते–निकलते ही टैं बोल जाती है। देश–दुनिया तक पहुँचने की तो बात ही छोड़ दो। हाँ यह इल्ज़ाम जायज़ लगता है कि साइबर दुनिया की विशाल जल–राशि में निर्मित फेसबुक तालाब में आकर भी रीतिकाल की ओर मुँह करके चली हैं। जब आपकी और आपकी कविता के बीच कोई तीसरा बन्दा है ही नहीं तो खालिस रुदन–वन्दन–अर्चन–पूजन–मनन–सेवन–मरण–वरण की बात करनी क्यों। अजी कोई हिसाब माँगने आता है नहीं न? कोई ज़ोर–आज़माइश से लिखवाता है? नहीं न? तो बहन जी, आख़िर कैसे–कैसे कर लेती हैं आप यह फ़न? कैसे पेचीदे दुनियावी मसलात पर अपनी–अपनी काव्य–प्रतिभा को ज़ाया होने से बचा ले जाती हैं। कैसे अपनी मायोपिया की मारी नज़र के दम पर ओछे मसलों की कविता रूपी माला पिरोती पायी जाती हैं। फेसबुक पूलसाइड कविता टेबल की प्रीबुकिंग करके वहीं विराजी पड़ी रह जाती हैं? हैं कैसे? हाय अल्लाह फेसबुक जैसी खुली हवा में भी घूँघट की टेक? कहने को सारा जहान पड़ा पर वही पुराना खटराग? दुनिया पर पसीजने की जगह ख़ुद पर रीझने वाली कविता। चाँद पर बैठा दो तो वहाँ भी स्वेटर बुनो उधेड़ो ब्रिगेड की शायरा लोग।

फेसबुक कविता कक्षा के कर्णधार उर्फ़ मेन एट वर्क

हज़रात मैं और जनियों की क्या कहूँ फेसबुक की पूलसाइड पोएट्री रचकर मैंने ख़ुद महादेवी–सी महिमा पाने की कई जुगत आज़माई हुई हैं। अपनी फेसबुकीय संवेदना की पनीली धारा में कई दफा अपने गद्य की किश्ती उतारी मैंने भी। कई बार ऊबी और उकताकर शायरी की याच में मय बोरिया बिस्तर सवार हुई हूँ। देखिए हुजूर बाहर की दुनिया हीरे की परख में चूक कर सकती है पर फेसबुक पर कार्यरत जौहरी–नुमा सम्पादकों की पारखी नज़र शायरा रूपी मणियों पर पड़ने से चूक जाये सवाल ही पैदा नहीं होता जी। इधर आप चुनी गयीं उधर 'इनबॉक्स सद्भावना सन्देश' अवतरित। अरे दिक्कत नहीं जनाब हम तो एडजस्ट करना जानती हैं। बल्कि हम तो कह रही हैं कि ''मैडम क्या आप कविता करती हैं'' वाले इनबॉक्सीय सवाल कर वास्ता जताने वाले ये सन्देश हर वर्चुअल शायरा की ज़िन्दगी की नेमत होते हैं। माँ सरस्वती की ओर इनडायरेक्ट मार्ग–दर्शन। अब कोई रसहीन जिह्वा वाली की गद्य–बुद्धि में यह बात न अटती हो तो बेचारी की किस्मत ही ख़राब समझो। देखिए अगला बन्दा जो कि पूरी सम्भावना है आगे चलकर आभासी और हक़ीक़ी या दोनों दुनियाओं का नामी गिरामी सम्पादक हो सकता है। हो सकता है वह किसी रसूख़ वाले सम्पादक का चेला हो जो अपने गुरु की किसी एक इन्द्री की तरह निष्काम भाव से काम कर रहा होवे। हो सकता है कि 'कश्ती को साहिल से नदिया को सागर से' मिलाने वाला ''मेन एट वर्क'' हो वो। हो सकता है वह ख़ुद कविता की देवी का अग्रदूत होता हो। हो सकता है वो आगे आपको ऐसा दर्द–ए–दिल दे जाये कि उस दर्द से आप पूरा का पूरा काव्य–संकलन तैयार कर सकती हों।

यदि एक बार आपने किसी अवतारी फेसबुक काव्यालोचक की नैया में पैर रख दिया तो आप ख़ुद को उनके 'कविता : क्यों कैसे

और किसलिए' स्लेबस की नियमित छात्रा बना पायेंगी। नहीं मैं यह नहीं कह रही हूँ कि मुख्य स्लेबस 'कुछ और' होगा। मैं तो बस यह कह रही हूँ कि कविता–पथ पर आपका रथ मस्ती–मस्ती में सारथी के पथ–निर्देशन में दौड़ने लगेगा। ऐसे गुरु का मुख्य धर्म आपके भाव जगत के दबे दर्द को उभारकर उससे साहित्यिक महत्त्व की कविताएँ जनवाना होता है। उनके उत्प्रेरण का तौर–तरीक़ा भी बाप–दादों वाला। मने आपको कविता करते हुए भी यही महसूस हो कि चौका–बासन रसोई–सालन ही कर रहीं आप–कुछ भी करो पर कविता ज़रूर करो। अरी वैसे ही जैसे झगड़ा करती हो। प्यार या नफ़रत करती हो। उधार करती हो। आनाकानी करती हो। लफड़ा करती हो। बहस करती हो। वेट करती हो। हेट करती हो। व्रत–पूजा करती हो। दया–माया करती हो। मोह या रश्क या इश्क़ करती हो। बचत या ख़र्च करती हो। शर्म या सेक्स करती हो।

हे महिला कवयित्री!

डूब के लिख

पर लिख के उसी में डूब मत।

ज्ञान समाप्त।

वर्चुअल मर्दानों के वहम

अपनी इनबॉक्स खिड़की को वर्चुअल इनकाग्निटो विण्डो मानकर बतियाने वाली लड़कियो! वर्चुअल अन्दरखानों में अपना पहला लफ़्ज़ लिखने से पहले ही यह मानकर चलो कि तुम्हारी लिखावट के स्क्रीन शॉट इन तहखानों से निकल इस खिड़की से उस खिड़की के सफ़र पर जाने को अभिशप्त होंगे। मानकर चलो कि उन तुम्हारे हाथ के लिखे वर्चुअल अभिलेखों का वजूद शिलालेखों की इबारत के मानिन्द होगा। जिन्हें चाहकर भी ग़ायब न कर पाओगी तुम। मानकर चलो कि इस वर्चुअल दुनिया में निजी कहलाया जाने वाला हर कोना किसी भी रोज़ उघाड़ा जा सकता है। यह तुम्हारी वो फुसफुसाहट है जो अनन्त काल तक अन्तरिक्ष में इस पिण्ड से उस पिण्ड तक टकराती फिरेगी।

यहाँ कोई महफ़ूज़ कोना तलाशने की तुम्हारी तलब ही नाजायज़ थी। कोई हमारी खिड़की खटखटाकर हमसे बतियाकर, राज़दारी जताकर, हमसे हमारा कुछ ऐसा झपट ले गया जो बेहद कीमती था–एक बेहद आत्मानुरक्त इन्सान का ख़ुदनुमाई भरा ख़याल भर है।

ए लड़की! दिल, ज़ेहन और ज़िन्दगी को यहाँ साझा करने का तुम्हारा कदम एकदम मासूम है, पर जायज़ नहीं। जायज़ भी सिर्फ़ इसलिए नहीं कि तुम विश्वास, हया, पर्देदारी और अपनी छवि के लिए मरती आयी हो। अपनी सोहबत को एक नायाब तोहफ़ा मानकर उसके

लिए सुपात्र की चाह रखा करती हो। तुम ख़ुद को झुठलाती आयी हो कि तुम्हारे अपने अन्दर पुरुष की सोहबत की चाहत हुआ करती है। तुम्हें वहम है कि कोई तुम्हारे निकटता रूपी अनमोल ख़ज़ाने को लूट ले जायेगा और बदले में उस लुटेरे के पास ऐसा कुछ भी नहीं होगा जिसे तुम लूट सको या लूटने की मंशा भी रख सको।

सुनो न! तुम्हें इनबॉक्स बहेलिए की किसी नाक़ाबिले–एतबार खुराफ़ात से ज़्यादा इस बात का अपराध–बोध सताया करता है कि जिन परिजनों ने तुम पर भरोसा किया तुमने उनको झुठलाया, जिन जमातवालों ने तुम्हारी एक उम्दा इमेज बनाकर तुम पर एहसान किया हुआ था तुमने उनसे एहसानफ़रामोशी कर डाली।

देखो ज़िन्दगी आसान हो जाये गर यह जान लो कि भरोसा होता ही है टूटने के वास्ते। हाइली फ्रेगाइल आइटम है–लड़कियों का भरोसा। जिसे घरवालों ने बिना थर्मोकोल पैकिंग के नंगा ही तुम्हारे हाथों में थमा छोड़ा है। पढ़ने, बढ़ने, सुधरने, बिगड़ने के लफड़ों में तपाक से पहले ये टूटता है। तुमने भरोसे का भार तकनीक के ज़िम्मे डालकर दुगुना जोख़िम मोल लिया हो तो धोखे खाने की ताक़त भी दुगुनी कर लेना। और कभी यकीन के बदले जिसे धोखा कहते हैं वो हो भी जाये तो भी वर्चुअल दुनिया से भाग मत जाना। वो तो चाहेंगे ही कि या तो कठपुतलीपन से रहो न तो फिर विलुप्त ही हो जाओ। दुनिया में रहना है तो वर्चुअल दुनिया में टिकना ही होगा। कोई भी दुनिया खाली न छोड़ना। वो जो सड़े पुराने फर्रों से टिप्स टीपकर तुम्हें दुनियाओं से खदेड़ना चाहते हैं उन्हें खिजाना है तो उन पर हँसना सीखो। साइबर दुनिया के चबूतरों पर हुक्का गुड़गुड़ाते–

ताऊ हट जा पासे से...

जिस पल हम पब्लिक को हमारी पैरवी और पीठ ठोंकने का हक़ सौंपती हैं उसी पल हम अपने भीतर–भीतर पब्लिक को पंच मान सिर पर बैठा चुकती हैं।

इसलिए–

पब्लिक की नज़र से ख़ुद को मत देखो...
पब्लिक की तारीफ़ से मत फूलो
पब्लिक की बुराई का लोड न लो
पब्लिक को सफ़ाई देने मत जाओ
पब्लिक के टसुओं में मत आओ
पब्लिक के ठट्ठों में भी मत आओ
मानो न मानो पब्लिक की आत्मा है फुल मर्दाना।
एक बार पीठ ठुकाई के बदले दस बार दबिश में भी पड़ेगा आना।

के सौदा सड़ा सड़ा

साइबर मेमें हाज़िर हों!

मी लॉर्ड! मैं नहीं जानती कि ताज़िराते हिन्द की किस दफ़ा के तहत मेरे इन संगीन गुनाहों की क्या सज़ा मुकर्रर की जाने वाली है। पर इतना तो तय जाना जाये कि अन्तर्जाल पर मौजूद पतनशील औरतों की ज़ात पर लगाये गये बदगुमानी, बदचलनी और बदनीयती के इल्ज़ामात सरासर बेबुनियाद हैं। इतने बेसरोपा कि मैं

और मेरे जैसी तमाम औरतें इण्टरनेटीय दुनिया में अपनी शिरकतों पर बिला शर्मिन्दा हुए अपने हक़ की पैरवी आप करने को अदालत के सामने हाज़िर होना बेहतर समझेंगी। बनिस्बत इसके कि अदालत का तय किया गया कोई वकील अपने सस्ते, गये–गुज़रे और पस्त तर्कों के पेचोख़म के बूते हमें मासूम और हमारे इण्टरनेटीय वजूद से पैदा हुई दुश्वारियों को ग़ैरइरादतन साबित कर हमें राहत दिलवाये। करम फरमाये। मैं और मेरी जैसी तमाम औरतों ने ब्लॉगिंग, फेसबुक, मैसेंजर, वॉट्सएप जैसी तमाम जगहों पर हंगामाख़ानम बनकर मर्दाना सरपरस्ती का जो भी जैसा भी हाल किया, जो–जो चालबाज़ियाँ–कलाबाज़ियाँ करते हुए अपनी जैसी भी और जितनी भी मौजूदगी जताई; उस पर नाज़ करते हुए मैं यह भी अर्ज़ करूँगी कि जो कहूँगी सच कहूँगी, सच के सिवाय कुछ न कहूँगी। लिहाज़ा अदालत के सामने मैं यह अर्ज़ीदावा पेश करती हूँ कि इण्टरनेट के फलक पर तारीख़–दर–तारीख़ दर्ज हो चुके मेरे इस लिंकित पतनशील मन की परतों के खुलने के ख़मियाज़े के तौर पर आपको भी अव्वल दर्जे की बेपर्दगी झेलनी पड़ सकती है। लिहाज़ा बेहतर है कि आपको इस अन्जाम का अंदाज़ पेशतर होने लगे वरना बाद में यकायक हुई वहशत आप पर भारी भी पड़ सकती है।

नेट नगर की नॉटिनें

इण्टरनेट पर औरतों की मौजूदगी कोई गुनाह नहीं जैसे जुमले बाज़ दफा दोहराते हैं आप। यूँ तो औरतों के हक़ों के लिए अपनी नेकनीयती और भलमनसाहत जताने के मारे हैं आप। पर अपने इन ज़िक्रे–फ़िक्र वाले जुमलों का साथ बस तभी तक दे पाते हैं जब तक कि इस दयार में औरत ज़ात के अंजाम फरमाये कर्मों को लेकर, उसकी ख़ब्त की वजह से या उसकी दखलन्दाज़ी के शौक़ के चलते कोई बवाल न खड़ा हो जाये। शेर–ओ–शायरी, तस्वीरबाज़ी, ख़ुशफ़हमी भरी बातों से रंग–ओ–आब बिखेरने वाली औरत का अपने इस चलन से बित्ता भर भी भटकना यानी तमाम तरह के ज़लज़लों की आमद को दावत। पूरी वर्चुअल कायनात की तनी भवों और मूँछों पर एक ही सवाल। औरत के वजूद की मौजूदगी को लेकर वही पुरातात्विक सवाल इस समय मेरे क़ाबिल दोस्त मुझसे पूछने पर आमादा हैं जनाब! तुम ग़लत जगह पर, ग़लत वक़्त पर कर क्या रही थीं मोहतरमा? और यह कि इन्तज़ामे खानादारी के अहम फ़र्ज़ को ताक पर रखकर, औरत होने के सारे ख़तरों को भुला–वुलाकर इस दूसरी दुनिया में किस हक़, किस बहकावे और किस उम्मीद से गयी थीं? मोहतरमा साफ़–सा है आपका क़ायदा। औरत या तो चारदीवारी में महफ़ूज़ होकर रहने का लुत्फ़ उठाती रहे, ग़र दुनिया की अक्ल के हिसाब

से किसी बेहद ख़ास वजह से घर की देहलीज़ से क़दम बाहर रखे भी तो नाक की सीध में चले। काम से काम रखे। तुरन्त लौटकर आपकी मजफूज़ वाली कफ़स में आ दुबके। इसी क़ायदे से अन्तर्जाल पर भटकने वाली औरत भी अपने औरत होने के सबक के मुताबिक़ बर्ताव करते हुए हदों में रहकर पेश आये। वरना मोहतरमा आप तो जानती ही होंगी न कि लोग ज़ालिम हैं हर एक बात का ताना देंगे।

आप हैरान न हों जज साहब तो मैं सबूत अर्ज़ करूँ। आज से दस साल पहले इस मर्दानी खलबली से लबालब भरी दुनिया की आँख में किरकिरी बनकर अपना पहला क़दम रखते के साथ ही इन सवालात से रू–ब–रू हुई हूँ। अनजान ख़तरों के स्वागत को आतुर और उनसे टकराने के रोमांच से भरी हर औरत इस स्पेस के लिए चोखेरबाली थी। नाफ़रमानियाँ और बदउनवानियाँ करने वालियाँ। दायें–बायें से होने वाली टकराहटों पर सवाल करने वालियाँ। खरोंचों पर इतराने वालियाँ। साइबर दुनिया में अपने परवाज़ की शुरुआती सीख–डटकर टकराने और न भी टकराने के फ़न वालियाँ। कहने–बहसने–उलझने का तसल्लीबख़्श इलाज करने के हुनरमन्द ओ साइबर इनकॉग्निटो!! यार बड़ी मेहरबानी तुम्हारी। नवाज़िश कि हम सीख सकीं ख़तरे के एहसास को दरकिनार कर अपने मंच के स्वामित्व को महसूसना। हमख़याल औरतों से ही नहीं हमचश्म पुरुषों से भी मुकम्मल संवाद कायम करने का हौसला। छिपे हुए एहसासात को हौले–हौले रौशनी का रास्ता दिखाना। जनाब मैंने कुफ्र किया है एक और भी। कागज़ पर छपने वाले अफ़सानों की नामवर मगर अपने किरदारों की आड़ में महफूज़ लेखिकाओं को पढ़ने की आपकी प्रेक्टिस थी अच्छी। मैंने वो सिलसिला भंग किया। मैंने जुर्रत की आपसे रू–ब–रू होने की। हॉट सीट पर जमकर आतिशी

अस्लिहः लिखने की। मुझ नाचीज़ ने इस मंच से जवाब तलबी की। ज़बानदराज़ी की। क़ानून तलबी की। मैंने इन्द्रधुष के पीछे किये। सुनहली मृग बनकर आखेटकों को रिझाया–भरमाया। तो लो जी तैयार हुई एक पक्की पतनशील स्त्री जिसे अपने लिंकित मन पर किसी किस्म की पर्देदारी नागवार थी।

जज साहब! यहाँ मौजूद हुजूम को तसल्ली देगा यह बयान सो कह रही हूँ। जमात के तानों–सवालों से नहीं इस बात से डर लगता है कि कहीं किसी रोज़ मुझे ख़ुद को ही यह ख़याले–ख़ाम न आ घेरे कि मर्दानी ताक़त से भरे आभासी जगत में अपनी पहचान, इज़्ज़त, सुकून और बेशकीमती वक़्त दाँव पर लगा रही हूँ। अपनी असल पुरानी जगह भूलने की बेअक्ली कर बैठी हूँ। साहेब अपने इसी ख़ौफ़ को ख़ारिज करने की ज़िद के चलते मैंने तमाम वर्चुअल सफ़ों को पलटकर देखा। दुनिया भर की औरतों की आज़ादी के दस्तावेज़ पढ़ने के बाद ही अपनी तकरीरें पेश करने हाज़िर हुई हूँ। पश्चिमी मुल्कों में बीते दशक के शुरुआती सालों में फैमिनिस्टिंग जैसे ज़नाना ब्लॉगों के आगाज़ के ज़रिये औरतों की बेइन्तेहा बिखरी और आपसदारी के एहसास से महरूम ज़ात को नज़दीक आने, जुड़ने और आवाज़ बुलन्द करने का मौक़ा मिला। निस्वानी हक़ों की पैरवी करने की ऐसी मुहिम के असर से वाबस्ता होकर हमने भी जाना कि दुनिया के हर उस कोने पर औरत का होना ज़रूरी है जहाँ इन्सान होने के नाते पुरुष हैं। चाहे वह अंटार्कटिका के नाबाद इलाके हों या कि फिर इण्टरनेट की वायवीय आभासी ज़लज़ले भरी दुनिया। जज साहेब हम एक खदेड़ी हुई ज़ात हैं। हम अपने हर न होने के ही नहीं होने की जगहों पर होने के लिए भी वाजिब वजहें, सफ़ाइयाँ देने की तैयार हालत में हर समय होना होता है। हमारे पास यह सुविधा होने नहीं

दी गयी कि बीच रास्ते में यकायक रुककर सुस्ता लें। किसी मनचाही जगह पसरकर बैठ सकें। सूने पार्क की अकेली बेंच पर बेवजह देर तक बैठी रहकर आसमान निहारती रह सकें। ऐसा इत्मिनान महसूस कर सकें कि अपने दर्द का पता जान पायें। हमारा इस दुनिया में आना सूनी बेंचों पर पसरकर बैठना है। हरी घास पर पाँव फैलाकर सुस्ताते हुए हवाख़ोरी करना है। किसी गुज़रते काफ़िले के साथ कुछ देर तक कुछ दूर तक चल आना है। आसमान ताकते हुए अचानक किसी ख़याल से टकरा जाना है। कुछ वक़्त अपने साथ अपने लिए अपने–अपने तरीक़े से बिताना है।

बताने का करम फरमाएँ कहाँ किस किताब में यह इबारत लिखी मिलेगी कि इस लिख देने की आज़ादी का इस्तेमाल औरत ज़ात को कैसे करना चाहिए और कैसे नहीं करना चाहिए। जज साहेब मेरे क़ाबिल दोस्त के लिए यह समझाइश इतनी टेढ़ी खीर नहीं होनी चाहिए थी कि इण्टरनेट के बेपनाह प्रवाह में अपनी मामूली सी इबारत की कश्तियाँ तैरा पाने के क्या मायने हैं हमारे लिए। लिखने की टूटी–फूटी ही सही पर ज़बान का आ जाना आधी दुनिया के गोलबन्द होने के ख़तरे का सुबूत जो है। सो इस आफ़त को आमादा पाकर उनके अन्दर का पर्दानशीं मर्द पसोपेश में है। औरतें क्या चाहती हैं, औरतों की हस्ती को दोयम दर्जे का बना डालने वाली वजहें क्या हैं, औरतों की देह और ज़ेहन पर किसी और ताक़त का इख़्तियार क्यों है–जैसे सवालात पर बात करती औरतों का बिखरा–सा हुजूम भी एक भारी चुनौती से कम लगने नहीं पा रहा आपको। कमाल है जी कमाल !

साहेबान! दीवानखानों में बस चाय की प्यालियाँ रखने उठाने भर की हैसियत वालियाँ, संस्कार और अदब के पर्दों की तह में साँस लेने

वालियाँ, समाज और मुल्क के निचले पायदानों पर वो भी अपनी ज़िद से टिकी रहने वालियाँ अगर एकजुट होने की जगहें और वजहें पा जायेंगी तो जमात के बदन में फुरफुरी तो दौड़ेगी ही। किसी दूसरी को अपने हक़ीक़ते–हाल बयाँ करते देख किस तीसरी–चौथी के जमे हुए ज़ख़्म कुछ देर को ही सही हरे तो हो ही जायेंगे। रवायत और हिदायत की हद में सिमटी हुई औरत को इससे पहले इस सा तेज़, इस सा लगभग बेख़र्चीला, दूर तक आवाज़ का असर फैलाने वाला कोई ज़रिया मिला ही कहाँ था। बिना अपना स्पेस तजे एक बटन भर के स्पर्श से तहखाने वाले मन को म्यूज़ियम की दीवाल पर टाँक देने जैसा असर। ज़ेहन की अन्दरूनी सीलन को धूप दिखाने को बाहर रस्सी पर पसार आने जैसा असर।

गो कि हमें मिला है एक नयी फ्रीक्वेंसी के चैनल का पता।

मेरी चाल साइबराना

मी लॉर्ड आप हैरत के बोझ से दबे हुए बस यही जानना चाहते हैं न कि अन्तर्जाल पर शिरकत करने वाली औरतें कौन–सी दुनिया से अवतरित हुआ करती हैं। जिन ठीक–ठाक शाइस्ता लगने वाली, घोंसलों में बासब्र बसर करती औरतों से आपका रोज़मर्रा की ज़िन्दगी में साबका पड़ता है वही औरतें अन्तर्जाल पर शिरकत करती हुई मोरनी, शेरनी, हिरणी, बिल्ली, हंसिनी जैसा चाल–चलन कैसे अख़्तियार कर लिया करती हैं। तस्वीरें लगाने से लेकर ठहाके लगाने तक। रूपजाल में उलझाने से लेकर बहस में उलझाने तक। भाव–विभोर कर देने से लेकर आवेश दिला जाने तक। तौबा–तौबा।

किस्म–किस्म के जलवे। कभी अपने घर–गृहस्थी का रोना। कभी देखो आज मैंने ये रैसिपी ट्राई की। मोतियों की माला पिरोयी। हद नाकारा बातें। कभी देश–दुनिया के मसलों में टाँग अड़ाई। कभी खालिस मर्दों के बीच चलते हुए बहस मुबाहिसे में नाक घुसाई। यहाँ से वहाँ मेंढकी–सी कूदा–फाँदी। ताका–झाँकी। टोका–टाकी। कितने चेहरे। कितने रूप। जिन जनानियों को घर–बाहर, काम की जगहों पर, सड़कों–चौराहों पर, बहसबाज़ियों की बैठकी पर बराबरी से बोलना–अड़ना–लड़ना पड़े तो तमाम तरह से दायें–बायें निकलने की जुगत लगाने लगें। वही हैं न ये फितनापँवर? पर क्या कहने गिरगिटी

फितरत के इनकी कि यही अपने ब्लॉग या फेसबुक पर गरजती, दहाड़ती, ललकारती, फुँफकारती, फटकारती पायी जाती हैं। कहर है।

मेरे क़ाबिल वकील को जल्दी से इस पहेली से निजात पानी है। सो कोर्ट की छाती पर 'त्रिया चरित्र जमा वर्चुअल ओवरएक्सपोज़र' नामक फटफट फलसफ़े का बम गिराने को आतुर हैं। जनाब इनकी ये अन्दरूनी हलचल इनके चेहरे की जलती–बुझती बत्तियों की वजह से बच्चे तक पर ज़ाहिर हो जाये; मैं तो ठीक इनके सामने टिकी हुई तकरीरें कर रही हूँ। माजरा यह है जनाब कि आम औरतों की पहुँच में अब तक शारीरिक हिंसा से बेखौफ़ होकर कहने की जगहें थीं नहीं। न कहने की ज़ुबान थी और न ही कहने की कोई वजह ही महसूस हुआ करती थी। हमदर्द और दिलदार सुनने वाला तो ख़ैर कहाँ ही पातीं। इस वर्चुअल जिन्न के हाथ लगते ही उनके पास एक रूम ऑफ वंस ओन हो गया। अपना कमरा। अपनी मेज़। अपनी क़लम। अपना किताबघर। दुनिया भर की सूचनाएँ ज्ञान और समाचार। सब बिना किसी फिल्टर के सीधे अपने। आप हैरान हैं कि भरीपूरी खाती–पीती कुमारियाँ–ब्याहताएँ इस अपने स्पेस को पाते ही कैसी लुच्ची, बड़बोली, बदलगाम, बदसलीका और बदज़ात हो गयीं। बेपर्दा होकर चौक पर झिलमिल करतीं। चिकचिक करतीं। दम भरती जनानियाँ। अय हय पतनशील हैं सारियाँ। इनके अन्दर इतनी ख्वाहिशें, इतनी शिकायतें, इतनी चाहतें, इतनी खलबली भरी थी जबकि आप अपने मुल्क की औरत को सीता, सरस्वती, लक्ष्मी, मदर मेरी सरीखी मुकम्मल देवीमय देखने की लत के शिकार थे।

आपके अन्दाज़ का तीर सही निशाने पर बैठा है कि अगर ये वर्चुअल कन्फ़ेशन बॉक्स और शिकायत डेस्क न होता तो आपको लगता चला आता कि बस अफ़सानों की ज़नाना किरदार ही हाइवे

से भटककर डरावने जंगलात में मारी फिरती हैं। आम औरतें घर–खानदान, रिश्तों–संस्कारों पर सवालात करें? अपने ऐतराज़ और अपनी नापसन्दगी को दमखम शोरोगुल के साथ कहें? सही कहा आपने यह तो ऐसे हुआ जैसे रस्ता चलती औरत शरीफ़ों को एक तमाचा रसीद कर दें या बेबात बिदककर सरेराह मिट्टी का ढेला फेंककर मारती होती हों।

अब क्या तकरीर करूँ मीलॉर्ड! मुक़द्दमा दायर करने वालों की पस्तंदेशी ही है कि इस फालतू से ऐब के चक्कर में पड़ी घरबारी ज़नाना ख़ुद को लेडी लिबर्टी मानते हुए हे क्रान्ति! हाय क्रान्ति! चिल्लाती हुई अपना अमन–चैन सब खो देने वाली हैं। वो क्या खो देने वाली हैं और क्या पा जाने वाली हैं इस पर अदालत का वहशतज़दा दिखायी देना ही शुबहे की बात है। बात यह है जी कि फ़िलहाल तो हमें अपनी यह जगह मलनी है। नाम करनी है अपने। कोई शक?

तनिक उरे कू सरकियो रे भैया!

फेमिनाज़ियो! साइबर छोड़ो

ऑब्जेक्शन योर–ऑनर!

मेरे क़ाबिल वकील जो कि पेशेवर साइबर एक्स्पर्ट भी होते हैं ने मुख़्तलिफ सोशल साइट्स पर बढ़ती हुई फेमिनाज़ियों की फ़ौज से दहशतज़दा कई मुवक्किलों के मुकदमात में तकरीरें पेश करते हुए आला दर्जे का वाक्–कौशल हासिल किया हुआ है। लिहाज़ा अदालत का बेशकीमती वक़्त ज़ाया जाने के ख़तरे का अन्देशा जानते हुए भी मुझे अपनी तकरीरों को सिलसिलेवार ढंग से पेश करने के लिए मजबूर माना जाये। निस्वानी हक़ों की पैरवी का दम भरने वाली मिलिटेंट किस्म की सख़्तजान ब्लॉग और फेसबुक यूज़र्स पर मेरे क़ाबिल दोस्त द्वारा लगाये गये इल्ज़ामात की फेहरिस्त लम्बी ही नहीं सनसनीखेज़ भी है। कोर्ट में हाज़िर हुजूम की ज़ौक़पसन्दी को खुराक देने का मेरा कोई इरादा तो था नहीं, मगर अगर इस पर्चा–ए–तोहमत पर अपनी खिल्ली आप उड़वाने और मौजूद पब्लिक को हँसवाकर अदालत की अवमानना करवाने के कुसूरवार आप होंगे। जनाब आपका इल्ज़ाम है कि मैंने–

- हिटलराना तेवरों वाली लड़ाका जनानियों के द्वारा इस दुनिया को दो मुख़्तलिफ प्लैनेटों में तब्दील कर यहाँ के अमन–ओ–चैन में ख़लल पैदा किया।
- सीधी–सादियों को बरगलाया, हसीन सपने दिखाये, अनजान अंजामों से ख़ौफ़जदा कर अपनी टीम में नौख़ेजों की तादात बढ़ाई।

- मर्दों के ख़िलाफ़, सिस्टम के ख़िलाफ़ नारेबाज़ी कर मसलों और मुद्दों पर किसिम–किसिम की रायबाज़ी को उकसावा दिया।
- मर्दों की बुराई, आलोचना, निन्दा, अवमानना करते हुए उनको ज़नाना दुनिया के सारे जुल्मों–सितम के लिए अकेला कुसूरवार ठहराया।
- औरतज़ात को कुदरत की महानतम रचना साबित करने के बहाने मर्दों को दुनिया की सबसे फालतू और बेदर्द कौम साबित किया और इस कुफ्र के लिए अतीत और वर्तमान की मामूली घटनाओं को मिसाल बनाकर पेश किया।
- मुल्क की ताज़ा राजनीति में औरतों की ग़ैर–मौजूदगी जतलाई। उस पर हायतौबा मचाई। चोर रास्तों से उन तंग गलियों में घुसकर एक दिन सियासी हाइवे पर अचानक अवतरित हो जाने की जुगत लगाई।
- मामूली मसलात पर आये दिन खुजली मचाते हुए तरह–तरह की मुहिम छेड़ते हुए एक बलवाई वर्चुअल माहौल तैयार करने की साज़िशें बुनीं।
- दोनों दुनियाओं की कोर्ट में काबिज़ होकर मसलात की गेंद को इस पाले से उस पाले तक स्पिन किया, ज़मीन से हवा और हवा से ज़मीन पर उछालते फिरी।
- दुनिया से बेमुरव्वत होकर दिन भर इसी उपवन में मारी–मारी भटकी और मौक़े का मसला हाथ लगते ही बेसरोपा बेतहाशा लिखकर सड़ी मछली बनकर सारे तालाब को गँदला किया।
- स्वच्छ निर्मल साइबर तालाब गँदला भले हो जाये पर ख़ुद को गुमनामी की काली कोठरी से निकाल कर वर्चुअल नेकनामी के झाड़ पर विराजमान पाने की जुगत लगाये फिरी।

- बड़े मसलों पर बहसने की अपनी नाक़ाबिलियत को झुठलाने के लिए तुच्छ कोटि के औरताना मसलों की दलदल में ज़नानियों को फँसाकर वर्चुअल नेतागिरी करने का शौक़ पूरा किया।
- ग्लोब के दोनों सिरों पर रहकर रस्साकशी करते हुए हर ऐरे–ग़ैरे मसले पर अटेंशन सीकिंग व्यवहार किया। जैसे एक कोने से सेल्फी विदाउट मेकअप का शोर उठाया तो दूसरे सिरे से सेल्फी विद मेकअप की गुहार लगाकर मछली बाज़ार का सा आलम बनाया। कभी बालकों को सरेआम दूध पिलाने की ज़िद का ठेका खोल बैठी तो कभी 'मेरी रात मेरी सड़क' का राग अलापते हुए साइबर दुनिया के बवाल से हक़ीक़ी दुनिया को परेशान किया।

मीलॉर्ड! औरतजात के बुनियादी हक़ों को हासिल करने के लिए की गयी हर मामूली फुसफुसाहट तक को शर्मिन्दा करने वाले इल्ज़ामात सुनकर अफ़सोस जताने के अलावा कुछ और ज़ाहिर करने की ज़रूरत न होती अगर यह कचहरी में दायर मुक़दमा न हुआ होता। महोदय सारी दुनिया की औरतें अपने हक़ों की आवाज़ को वाया इण्टरनेट बुलन्द करने में लगी हैं। हक़ीक़ी दुनिया में हो रहे तेज़ाबी हमले, बलात्कार, औरतों के लिए संसद के मंच से कहे गये असंसदीय बयानात के वाकयों और सड़कों, गलियों, चौराहों पर औरतों के साथ की गयी बदसलूकी। इन वाकयात को जब मर्दाने अख़्तियार से बोझिल मीडिया में कोई तवज्जो नहीं मिला करती हो तो औरतों के पास अपना आक्रोश और एतराज़ ज़ाहिर करने के लिए और कौन–सा मंच बच रहेगा। औरतों के ज़ेहन में हर समय रसोई, बाल–बच्चे और किट्टी कोटि के सुख–सुकून काबिज़ रहें। साइबर दुनिया की तकनीकों से मिली ताक़त का भी वे इन्हीं सुखों में इज़ाफा करने के लिए इस्तेमाल करती रहें?...

...उफ़! ऐसी कामना करते हुए आप कितने तंदगिल और कितने आक्रान्त मालूम पड़ते हैं। मेरी जैसी तमाम औरतों की वर्चुअल जंग

को मिलिटेंट फेमिनिस्ट जैसी लफ़्फ़ाजी से नवाज़कर हमारी ज़ात और वजूद को, हमारे डिजितांत्रिक को ज़लील कर खुद एक निहायत संगीन ज़ुर्म वो भी मय सबूत कर रहे हैं। है कि नहीं जज साहब? जनाब वर्चुअल सूरमाओं के लिए अपने तख़्ते–ताऊस को ज़ाया करने की कल्पना तक बर्दाश्त नहीं होने पा रही सो ज़नाना दुनिया के हक़ की हर आवाज़ उनके ज़ेहन पर बिग बैंग की मानिन्द पड़ रही। दबे हुओं से भविष्य में दबने की आशंका के असर से बौखलाकर ''फैमिनाज़ियो! साइबर छोड़ो'' की उनकी दहाड़ हमारे कानों पर जूँ तक रेंगाने में नाकामयाब रही है। न न जनाब कोई सफ़ाई नहीं पेश कर रही मैं।

नुक्ताचीनी और तंज़ मेरी फितरत है।

पतनशील होने पर फ़ख्र करना तो और भी बुरी आदत।

सफ़ाई न देना सबसे ख़तरनाक ज़िद।

साइबर घेरो री

डिजिटल रेखा के लक्ष्मण

जनाब मेरे क़ाबिल दोस्त का मन वर्चुअल जगत की नटनियों के मनचले मन को 'पतनशील' कहने का करता रह गया पर उनको लगा यह गाली है। सो उनने कोर्ट क़ानून और ख़ुदा की ख़ुदाई के लिहाज़ में ख़ुद को रोके रखा। मैं आज इसी सदर अदालत में अपने इस वर्चुअल जगत के मन की पतनशीलता की तोहमत का बाख़ुशी एहतराम करते हुए अपने इस मन के कई और नाआशना राज़ों को अदालत के सामने उजागर करना चाहूँगी।

मैं बिला किसी ख़ुदा को हाज़िर–नाज़िर मानते हुए इस नाक़ाबिले एहतराम सच को साझा करना चाहूँगी कि अपनी सीधी–सपाट दुनिया

से निकलकर इस भ्रम भरी दुनिया में आने भर की हमारी हरकत का साफ़ मतलब है कि हम अपनी ज़िन्दगी से, अपने माहौल से, अपनी जमात के तौर–तरीक़ों से सख्त नाराज़गी से भरी हुई हुआ करती हैं। मैं अपने जैसी तमाम औरतों की जानिब से कहती हूँ कि हम अपनी मौजूदा छवि से परे एक ऐसी छवि के ख़ुशनुमा एहसास से ख़ुद को भ्रमित करने की फ़िराक में आया करती हैं जो हमें जीने की बेहतर वजहें देती हो। जनाब हम वो ज़ात हैं जिसकी सहज और स्वच्छन्द जीने की चाह पर मनाहियों की डाट कसकर फिट की गयी है। यह हमारा भटका और अटका हुआ मन ही है जो हमें इस दयार में खींच–खींच लाता है। सताई हुई, बुझाई गयी, भटकाई गयी, बहकाई गयी, उलझाई गयी औरताना कौम के ज़ेहन और रूह को करार देने वाला सेफ़्टी वॉल्व है यह। जज साहब ये सच जानिये कि अपने अन्दर की बित्ता भर विचलन और उलझन को बस जताने भर के लिए किसी हमख़याल को तलाश लेना सिमटी हुई औरत ज़ात के लिए कितना दुरूह और नामुमकिन काम हुआ करता है। पुरुष के पास और कई अड्डे, कई ठिये हुआ करते हैं अपने ग़म ग़लत करने को। पर ज़ेहन की खुराफ़ात से आजिज़ औरतों को ऐसा असरदार और हमनवाई की गुंजाइश वाला ठिया पहली बार नसीब हुआ है। जज साहब हम नौ सवारों को इस ठिये का बेजा, बेमकसद, बेसिलसिला, बेमौक़ा इस्तेमाल करते आपके मुखबिरों ने कई दफा देखा है। फिर भी जनाब मैं बताती हूँ अपनी कारस्तानियाँ आपको ख़ुद अपनी ज़बानी–

मेरी कारस्तानियाँ : वर्चुअल कहानियाँ

- जानते–बूझते अपनी हुस्नाआराई का मजमा लगाती तस्वीरें पोस्ट किया करती हूँ और उस पर ख़ुदपरस्ती के अन्दाज़ में टकटकी बाँधकर आपके कमेंट्स का इन्तज़ार किया करती हूँ मैं।

- औरतों के हक़ों के मसले को दुनिया की सबसे ज़रूरी शै मानने वाले सीधे शरीफ मर्दों को कन्धा बनाती हूँ। उनके साथ के दम पर कूद–फाँद मचाती हूँ, और आख़िरकार अपने साथ उनको भी बदनामी के दरिया में ले कूदती हूँ।
- सेक्स, जिंसी रिश्तों और जिस्म पर कुछ लिखने–विखने के बहाने अश्लील इशारे कर आपको बदसलीकगी भरे कमेंट करने को मजबूर किया करती हूँ, आप बस जाल तक ख़ुद चलकर आने की ग़लती किया करते हैं।
- गम्भीर मसलों पर अपनी ओछी क़लम चलाकर दानिशमन्दों की दुनिया में अपनी पैठ बनाती हूँ और मन ही मन 'देखा कैसी जीभ लपलपाई' सोचकर अपनी उस तरह की क़ाबिलियत के अब भी मौजूद होने पर इतराती पायी जाती हूँ।
- मैसेंजर इनबॉक्स और वॉट्सएप जैसी भूलभुलैया कन्दराओं में मनमर्ज़ी से दाखिल होती हूँ और किसी रोज़ अचानक वाए किस्मत कहती, दूसरे की बदचलनी का रोना रोती बाहर का रास्ता तलाशती हूँ।
- गुड मॉर्निंग, गुड नाइट अशआरों के ज़रिये गुज़रते हुए राहगीरों को ठहरकर सम्भावनाएँ तलाशने के लिए मजबूर करती हूँ और कुछ वक़्त बाद सभी राहगीरों को बदचलनी के सर्टिफिकेट से नवाज़ती हुई कुछ दिन लॉगाउट या डीएक्टीवेट हो रहती हूँ।

जनाब मैं कुबूल करती हूँ कि मज़हब, मज़हबी ठेकेदारों, सियासती शख़्सियत के ख़िलाफ़ लिखते हुए मैं वर्चुअल इन्कॉग्निटो ब्रिगेड को चारा डाला करती हूँ। अपनी साइबर कोठरी में सब्र से आराम फरमाते भक्तों को अपने कुन्द तर्कों से भड़के हुए साँड़ बनने को मजबूर करती

हूँ। दूर तक अपने पीछे दौड़ाया करती हूँ और फिर हाय–हाय मचाने का नेक काम भी ख़ुद ही किया करती हूँ।

सीते! दिन साइबर रेखा में बीते

हज़रात! इस दयार में मेरी हस्ती को इस महान तकरीर से ख़ारिज किया जा रहा है कि वर्चुअल दुनिया में ज़ाहिर होने वाला मेरा मन खण्डित है। बाज़ार और उसकी सहायक ताक़तों के असर से असल न होकर प्रायोजित है। बाज़ार और ज़माने की हवाओं का बरगलाया। वर्चुअल दुनिया ने इस काफ़िर मन को न केवल पनाह दी बल्कि मेरे असल मन को बन्दी बना उस पर एकछत्र हुकूमत की। आप कहते हैं कि साइबर दुनिया में मौजूद औरतों का हुजूम गुलाम मनों की ओछी अदाकारी है। आरोपित भूमिकाओं का ड्रामा है। लादे हुए संवादों का शोर है। हुजूर ए आला! ये तमाम दलीलें हँसने का असबाब हैं मेरे लिए। इन तोहमतों की कोई तह होती तो ज़रूर उनमें जाती। ख़ुद की सफ़ाई में चार बात कहती। चन्द गवाह और सुबूत जुटाती। आपकी शक्ल उतर रही है जनाब। एक दिलासा दिला दूँ आपको? सदियों से जिन आसनों पर आप काबिज़ हैं उन पर औरत ज़ात का भी बराबर हक़ हुआ होता तो भी यह सम्भावना नहीं बन सकती थी कि हम आपको इस तरह मुज़रिम बना कठघरे में खड़ा करतीं। आपके मन पर खुफियाना पकड़ रखतीं। ख़ैर।

नहीं नहीं जज साहब!! अदालत के सामने ख़ुद के कुसूरों को गिनाने पर मेरी सज़ा में रिआयत की जाये जैसा कोई इरादा नहीं है मेरा। बल्कि मैं तो यह भी कुबूलती हूँ कि गुनाह दर गुनाह करती हुई साइबर दुनिया में ज़िन्दा रहने की जुगत सीख जाने वाली बेहतरीन अदाकारा हूँ मैं। मेरा मकसद ठीक वही है जनाब जिस मकसद को निहायत नीच करार देकर आपकी अदालत में मेरी पेशी हुई है।

जी बिल्कुल हक़ीक़ी दुनिया को इस वर्चुअल दुनिया से कमतर मानते हुए सोशल नेटवर्किंग करने वाली बेहतरीन कलाकार होने के नाते मैं इस दुनिया की हर तकनीक, हर सम्भावना को तलाशने का फ़न और हौसला रखती हूँ। मुझे इस बात का बेहद गुरूर है कि अनुभव की पगडण्डी पर चलने का रोमांच मेरी लत में तब्दील होता गया है।

तकरीर करूँ मैं कितनी

जनाब आपकी बात से पूरा साबका है मेरा। मैं अपनी इस वर्चुअल छवि की सख़्त गुलाम हूँ जो मैंने जाने अनजाने बनाई है और जतन से सहेजी है। मेरे वाकिफ़ेकार दोस्त की चिन्ता को जायज़ मानते हुए मैं इस गुनाह. को भी कुबूलने में फ़ख्र महसूस करूँगी कि इस कल्पित छवि के असर ने मेरी ज़िन्दगी पर बेशुमार सितम ढाये हैं। मैंने ख़ुद को ही नहीं दुनिया को भी अपनी दो मुख़्तलिफ़ छवियों के मुग़ालते में डालने की जुर्रत की। मैंने अपने उदार और नये ख़यालात के झाँसे में डालकर आपको भरमाया और जब हक़ीक़ी दुनिया में मेरे खेले–खायेपन को आजमाने के लिए आपने मुझ तक मामूली सी ही जिस्मानी पहल करनी चाही तो तुरन्त अपनी दकियानूस खोल में जाकर दुबक रही।

मन मेरा लिंकित है

योरॉनर इससे पहले कि अगली पेशी तक अदालती कार्यवाही मुल्तवी की जाये मैं अपनी नामुकम्मल तकरीरों में चन्द ज़ुर्म और कुबूलना चाहूँगी। अपने इसी पतनशील मन को हाज़िर–नाज़िर मानकर कहती हूँ जनाब कि मेरा लिंकित मन मेरा सबसे अहम मुहासिब है। अब मैं मैं नहीं रही। मैं मुझ जैसी नहीं रही। मैं पहले जैसी नहीं रही। मैं हर दूसरी जैसी नहीं रही। पुराने मन तक लौटना भी चाहूँ तो भी मैं

वह नहीं होने पाऊँगी जो मैं हुआ करती थी। मेरा यही हिसाबफ़हम मन कहता है कि मैं मुकम्मल वह भी नहीं होने पायी जो होने के वर्चुअल दावे मैं पेश किया करती हूँ। पर तब भी अपनी यही लिंकित पतनशील छवि मुझे मुसलसल लुभाती–भरमाती है। अपनी इस छवि से यह हमनवाई अंजाम तक निभानी है। मुझे अपनी इस छाया से जबरदस्त इश्क़ है। ताहयात अज़ीज़ रहेगा अपने इस खुराफ़ाती लाइल्म हमसाये से यह वास्ता मुझे।

तोहमतें तमाम हैं। फ़ख्र है!

मैं नहीं जानती कि मेरे बाद कितनी पतनशील स्त्रियों को इस तरह के ट्रायल्स से गुज़रना पड़ेगा। मैं नहीं जानती कि उनमें से कितनी औरतें अपने वर्चुअल पतनशील मन की पैरवी में टिकने का कैसा हौसला दिखा पायेंगी। मैं नहीं जानती कि यह पतनशील लिंकित मन दर्द है या दवा है। सचमुच मैं नहीं जानती कि इस मन से हाँके जाकर दोज़ख मिलेगी या कि हयात। पर मैं इतना ज़रूर जानती हूँ कि हम सब औरतें अपने–अपने गोले के सूने कोने से अनन्त आकाश में भेज रही है तरंगें। एकदूजे से टकराकर बहती ये तरंगें बना रही हैं इस अनन्त वर्चुअल फलक पर आड़ी–तिरछी इबारत। कुछ है यकीनन कहा जा रहा होगा जो। कुछ होगा ज़रूर सुना जा रहा होगा जो। अपने गुमनाम गोले से उगा रही हम वॉव सिग्नल। अपने टुकड़ा–टुकड़ा एहसास से रच रहीं गाथा कोई। नहीं जानते हम कि कैसे किया जाना है डीकोड इन तरंगों को। पर इतना जानते ज़रूर हैं कि यह अनन्त फलक बुन रहा है बेहिसाब वॉव सिग्नलों का मैट्रिक्स कोई। पतनशील औरत के लिंकित मन की गूँजों का संजाल कोई।

साइबरज़ादियो! आगे बढ़ो!

अदब बराय अफ़्स्पा! हो दफ़ा!

कलमगर्विता भव

जो जनी दीदी के चेलीपन के मज़े न ले सकती हो, जो जनी आप से आप रास्ते बनाकर अदबियत के जंगल में भटकने को तैयार होती हो, जो जनी किसी मठमाता का माउथपीस होने में हेठी समझती हो, जो जनी मठपति की हुकूमत के नाम भर से ही बिदकती हो, जो जनी अपनी क़लम की अकड़ पर फुदकती हो, जो जनी अपनी क़लम की आप सिपाही होती हो, जो जनी मन से मन की लिखती हो, ऐसी सब जनियों को उनके हौसले के लिए सलाम।

दी हुज़ूरी

मुलायम मसनद की गोलाइयों से अपना पिछवाड़ा टिकाए हुए अधलेटी साहित्यिक खाला को मुझ छोटी बहन का प्रणाम! अजब हाल है आपका, आप कुछ देर मुझे तंग न ही करें तो अच्छा। आप बदनीयत जान पड़ते हैं। अभी कुछ लम्हे पहले ही जनाब अपनी बायीं आँख दबाकर मामले की नज़ाकत समझानी चाही। और खुली रह गयी आँख के इशारे से आपको इस दरबार में आने की वजह का राज़दार बनाने का वायदा किया। पर आप हैं कि मुआमले में अपनी जजमेण्टल मुस्कान देने से बाज नहीं आ रहे। अजी जानती हूँ कि आपको वहम हुआ जाता है कि मैं अपनी नयी नवेली किताब को अदबी जगत की तीसरी आँख के कोप से बचाने के लिए साहित्यिक–कोठों–मन्दिरों–हवेलियों की चौखट पर हाज़िरी देने भटकती फिरती हूँ। देखिए यह किताब है कोई दूध पीती बच्ची नहीं जिसे सलामती की चिन्ता में गोद में ले–लेकर मैं पिडिट्रीशियन और देवालयों में भटकूँ।

साहित्यांगना ऑन रिमाण्ड

अदब के चक्रव्यूह में ख़ुद को लेडी अभिमन्यु जानकर सैकड़ों जनानियाँ घुसी तो चली आती हैं पर पहले दूसरे व्यूह तक को भेदे बिना शहादत को प्राप्त हो जाती हैं। चन्द बलन्द किस्मत वाली जवाँ बुलन्द हौसले वाली इसके आख़िरी व्यूह तक भी पहुँची पायी जाती हैं। पर जनाब पूरे हिन्दी जगत की केस फाइल्स उलट–पलटकर देख लो आपको

सफल–जमा, ख़ुश–जमा व्यूह से उन्मुक्त चार ज़नाना नाम भी न मिलेंगे। जनाब हमारे साहित्य की आला खाला ने भी किसी ऐसे ही जज़्बाती मौक़े पर यह फ़लसफ़ाई फ़ैसला लिया होगा कि सर पर अदब का ईंट गारा ढोने की बेमज़ा, बेमज़दूरी की कवायद से बेहतर है किसी अमरवृक्ष के तने बदन से अमरबेल बन लिपट जाओ। साहित्यिक खदान में बेलदारी करने से बेहतर बेल बन जाना है। बेल बनो और किसी पुख़्ता पुरानी बुलन्द इमारत से चिपक जाओ।

दीदी–दासी सम्प्रदाय : क्यों काय

जनाब अदब की बेदर्द दुनिया में चल निकले 'दीदी–दासी सम्प्रदायों' के स्थापना–काल में आप क्यों जाइयेगा? हम बता रही हैं न आपको सब सच–सच। देखिए बरख़ुरदार साहित्यिक दीदी बनने की चाहत से पहले दादीमय भाव–भंगिमाओं का अनुपालन करना पड़ता है। हद कर दी जनाब जिस लिखनेवाली ने अपनी जवानी के दो–तीन दशक साहित्यिक अफ़वाहों, साज़िशों और हरामकारियों के पोतड़े मन लगाकर धोये। जिस लिखनेवाली ने अपने घर में कमज़ोर औरत होने से बचने के लिए अदबी साहूकारों के एहसानात की उधारियाँ तक कीं। अपनी चौहद्दी में मर्द की हुकूमत से टकराने की नीयत से अदबी मर्दानेपन से टकराई और वो भी औरताना ढालों के दम पर। जिस लिखनेवाली ने एक हाथ से रोटी बेली दूसरे से आँसू पोंछे। एक हाथ से बच्चे के तपते माथे की पट्टी बदली दूसरे हाथ को साहित्य और समाज की नब्ज़ पर रखे रही। एक हाथ से घर के मर्द का सर दबाया तो दूसरे हाथ से साहित्यिक डॉन की पीठ खुजाई। जिस लिखनेवाली की जवानी साहित्यिक षोडशियों के सस्ते लटके–झटकों से हलकान हुई और उनके हल्के लेखन की नकली चमक के सामने अपना लिखा बचाने की जुगत में होम हुई। उस संघर्षशील, लौहमना दीदी के साहित्यिक कैरियर में एक दिन ऐसी मठाधीशी का स्वर्णकाल

आयेगा किसने सोचा होगा। आप बड़े अहमक हैं अगर आपको ज़रा भी अन्दाज़ा नहीं कि ग्लाससीलिंग से सर टकरा–टकराकर लहूलुहान हो गयी मछली को जब आख़िरकार बड़े तालाब की बड़ी मछली का ओहदा हासिल होता है तो उसे कैसा–कैसा लगता होगा। कैसे कुछ दिन तो अपनी लम्बी लड़ाई के शानदार अंजाम को लेकर ख़ुद को च्यूंटियाँ काटी–कटवाई होंगी। अपनी अमरबेल उत्थान–गाथा को इस या उस बहाने सिलसिलेवार ढंग से हर दूसरे–तीसरे को पकड़कर सुनाया गया होगा।

बरख़ुर्दार आप दीदी के दिल से पूछिये वट–वृक्ष बन गये उस विराट अदीब के लिए उनके मन में किस कोटि का सम्मान भरा पड़ा है। तीन तरफ़ से तीन समर्थ लेखिकाओं से टकराते और चौथी तरफ़ साहित्यिक ज़िम्मेदारी से घिरे उस साहित्यिक महापुरुष के मन में, मैगज़ीन में, उपवन और जीवन में हमारी दीदी का कैसा ख़ास ओहदा था। साहित्यिक सौतों के रहते भी अपने साहित्यिक सोते को न सूखने देना किसी औरत की जीवट और साहित्य–प्रेम का ही तो नमूना हो सकता होगा न। और आप आये चलकर उन पर छींटाकशी करने की फिराक वाले। जनाब साहित्यिक खलनायकों की जमात में जूझकर हारने और हारकर घर–जमात के हाथों पिसने के लिए वापस लौटने से बेहतर किसी साहित्यिक को मानस पति मानकर उसकी परस्तिश कर लेना नहीं है?

साहित्यिक चेली के चोले

एक आदर्श दी को सहेली नहीं चेली चाहिए। इस सभा से उस सभा साथ में जो टँग सके वो वेली चाहिए। साहित्यिक सौतनों की बुराई और दीदी की बड़ाई कर सके वो क़लम चाहिए। न न हमवज़न लिखनेवाली नहीं चलेगी सीखने की तलब वाली साहित्यिक यतीम

चाहिए। देखिए दिल से ज़ख्मी किसी बड़ी लिखने वाली का अदब कर आप छोटी नहीं न हो जायेंगी। अदबी साज़िशबाज़ी के माहौल में जब लिखनेवाली को सूनापन, अनाथपन, बेगानापन सताता हो और आपको अपनी रानों पर मर्दानी अँगुलियों की छुअन बर्दाश्त न हो तो साहित्यिक दीदी ही तो याद आयेगी न?

कल तक साहित्यिक नदी की उपधारा का सहायक नदी बन जाना क्या मज़ाक़ समझते आप? इस गौरवशाली इतिहास से प्रभावित हुई कितनी ही बरसाती मिज़ाज की कलमवालियाँ दीदी के स्नेह की तरलता की आस में दीहुजूरी करती फिरतीं। वैसे भी नयी नवेलियों के पास इधर कुआँ–उधर खाई वाले मर्दाना माहौल में दीदी के साहित्यिक स्नेह का तिनका हो तो आपको एतराज़ क्या है सर? हाँ भई आप ठीक फरमा रहे कि ओहदे वाली कुर्सी पर मर्दाना को परास्त कर ज़नाना बैठ भी जाये तो क्या। कुर्सी का रुआब और रुतबा जब मुँह खोलता है तो आवाज़ मर्दाना ही निकला करती है। आप देखिए कुर्सी पर बैठी औरत ने दबावट के दिनों में इसी ताक़त का इन्तज़ार किया होगा। अब अगर किसी रोज़ नयी वाली धेला, घासलेटिया लिखनेवालियों पर उनके अन्दर के मर्द का गुबार फूट ही पड़े तो क्या? क्या हुआ जो लिखने और न लिखने को लेकर, छपनशील और ग़ैरछपनशील को लेकर कोई ज़नाना फ़तवा झेलना पड़ ही गया? जो मठ, वरण करके तुमको शरण देता है उसकी रक्षा में क़लम चलानी पड़ भी जाये तो कोई पहाड़ टूट पड़ेगा तुम पर? दीदी के साथ खाई पैटियों और पी हुई कोला की कसम मर्द मठाधीशों की सरपरस्ती को बाख़ुशी स्वीकारने वालियों को औरताना हुकूमत में हर्ज़ दिखता होता है तो अजीब लगता है। हाँ सही कहा जनाब मुझको वास्ता है दीदी को सादर भेंट की हुई किताब का जो मैंने दीदी के अन्दर के मर्द पर मन में भी अँगुली उठाई। ख़ुदा न ख़ास्ता अगर यूँ ही

लिखते–पड़ते से किसी मुकाम पर जा पहुँची और मेरे भी मन का दबा हुआ दर्द सैडिस्टिक मर्द में तब्दील हो उठा तो बोलो क्या करूँगी? हवन करूँगी? ठीक कहते हो जी कहाँ मिलेगा वो आईना जिसमें अन्दर का चेहरा दिखता हो? बाहर के चेहरे में मर्दाना ज़नाना चेहरों की ओवरलैपिंग दिखती हो?

जो जनी दीदी के चेलीपन के मज़े न ले सकती हो, जो जनी आप से आप रास्ते बनाकर अदबियत के जंगल में भटकने को तैयार होती हो, जो जनी किसी मठमाता का माउथपीस होने में हेठी समझती हो, जो जनी मठपति की हुकूमत के नाम भर से ही बिदकती हो, जो जनी अपनी क़लम की अकड़ पर फुदकती हो, जो जनी अपनी क़लम की आप सिपाही होती हो, जो जनी मन से मन की लिखती हो, ऐसी सब जनियों को उनके हौसले के लिए सलाम।

कल के साहित्यिक जुल्मों की विक्टिम और आज उन्हीं साहित्यिक जुल्मों की सर्वाइवर की सदा ही जय!

कलमगर्विता भव

आलोचना करते हुए कुण्ठा छिपा जाना
निन्दा करते हुए जलन छिपा जाना
और रंजिश रखते हुए घृणा छिपा जाना
बहुत कम लोगों के बस की बात होती है

दास्तान-ए-साहित्यिक सास

जब उनकी लाल बिन्दी बिन्दा बनने लगी। सीना ब्लाउज़ की बाउण्डरी से और लिपस्टिक लबों की सरहद से बाहर फैलने लगी और मुस्कान के साइलेंट तिरिछपन में हुँह का स्वर सुनायी देने लग पड़ा तब हमने जान लिया कि वे भी साहित्य–जगत में सासत्व को प्राप्त होने जा रही हैं।

आपका सवाल वाज़िब है कि सासाश्रम को अग्रसर होनेवालियों की शिनाख़्त क्या हो? तो सज्जनो सुनो! जिस लेखिका की साहित्योचित संवेदना को ठिठके ठहरे एक दशक बीत चुका हो। जो लेखिका अपने संघर्षकाल की दुश्वारियों को सेक्सोफ़ोन बनाकर मौक़ा–बेमौक़ा बजाती फिरती हो। जो लेखिका उपदेश चालीसा और न्याय पच्चीसी की उत्कण्ठ गायिका होने में अपनी असल अहमियत महसूस करती हो, वही होती है सासवत लेखिका। इतिहास गवाह है चन्द बातों का। पहली, हर घर, दफ़्तर, गली, मोहल्ले, संस्था, संस्थान में सासमय ज़नाना हुआ करती है। दूसरी, हर बहुवत ज़नाना, सासवत होने के ख़्वाब के भरोसे अपनी जवानी काटती होती है। तीसरी, सास हुकुम का इक्का हुआ करती है। चौथी, सासत्व किसी भी संरचना में बिन सीधी भर्ती का सिर्फ़ आन्तरिक प्रमोशन आधारित ओहदा है। पाँचवीं, सास दया, माया, मोह, ममता, रंजिश, ख़लिश जैसे ओवररेटिड मसालों का भरपूर मिश्रण हुआ करती है।

देखिए बिलाशुबह कह सकती हूँ कि औरत है ही एक कछुआपन्ती से जीने वाली जमात। इसकी फितरत में ही शुमार है अपने ऊपर किसी एक शातिर पैनी नज़र की चुभन में 'ऑल इज़ वेल' फील करते रहना। आप मानो या न मानो सासमय पहरे की सरहद से बाहर क़दम रखने वाली हर औरत 'मैं भी तो कभी बहू थी' भाव से उपजे जज़्बे से ताक़त पाकर ख़ुद को ही एक सास बनकर व्यवहार करती पाती है। नहीं कोई एंथ्रोपॉलिजिकल सर्वे या किसी मनोवैज्ञानिक फार्मूले से इसे समझने की कवायद मैं क्यों करूँ, मैंने तो जो महसूसा वही कहा न आपसे। मुझे तो जनाब यह भी लगता है कि मर्दाने जगत से पाये सितमात के बदले लेना चाहती हैं हम। पर उनसे जंग की कुव्वत ख़ुद में न होने पर आपसी रस्साकशी पर उतर लेती हैं। लॉलीपॉप हुकूमत की परिक्रमा करती मस्ताई मक्खी बन बैठती है। यह भी तो सच है न कि एक पिंजड़े की सलाखों के भीतर–भीतर हर रिहायशी मादा अपने लिए सबसे ऊँचा रुतबा पाने की आस में अपने सय्याद की कठपुलती बन जाने में अपना रास्ता पाती होती है। अपनी क़ैदगाह को सैरगाह बताकर और सहायक क़ैदिनों की भर्ती को मरती होती है। सास यानी फितरत से सय्याद की साक्षात् सिपहसालार। हरकत से एकदम बदलाप्रिय। मर्दानी हुकूमत की आदर्श संरक्षिका एवं पोषिका।

देखिए जनाब सारे जगत का ठेका लेने का शौक़ तो चर्राया नहीं है मुझे। बस हैरानगी का सबब यही है कि अदबी दुनिया में सासों को क्या काम?

सास जो होती तो है अपने कन्धों पर रुदन, पराजय, अवसाद और दुराशा की गठरी लिए, पर काम उसका हुआ करता है हुकुम ,हुकूमत और हिम्मत के लीथल कॉम्बीनेशन की मूरत बनकर नयी वालियों की हिम्मत को हेराना–भगाना। जनाब ऐसा नहीं न है कि उनका सरमाया बुरा ही होता हो हरदम। अब आप ही बताओ

जो साहित्यिक सासें न हों तो चेलियों और उपचेलियों के बाड़े में से असल–नकल फ़न की पहचान करना करेगा कौन? तदुपरान्त सम्पादक, आलोचक, प्रकाशक त्रयी से नैया पार लगवायेगा कौन? घरवाली और दफ़्तरवाली सासों के लफड़ों से तो अच्छा है न अदबी सासों के चंगुल में फँसकर रहना। देखिए अदबी सासें घर–दफ़्तर की सास की तरह कमज़र्फ और कमअक्ल घरेलू होतीं तो कौन सहता इनको। साहित्यिक सासें तो बस अपनी प्रतिभा की छाया किसी चेली में पाकर उसको जी जान से प्रमोट करने में लगना जानती हैं। निन्दालोचना तो बस उस उड़नपरी की किया करती हैं जो हवा से भरी फूलती है और साहित्य की तमीज़ जानती है नहीं। घर–दफ़्तर की सासों की तरह मालिकाना होतीं तो नवेलियों को चुन्नी–पल्लू के सरकने पर कोसतीं और दब–ढककर रहने की नसीहतें दे देकर, अपनी शरीफ जवानी के क़िस्से गा–गाकर लब सिल देतीं। पर अदबी सासें सिर्फ़ और सिर्फ़ यही नहीं न करती हैं। वे आपको बोलने–उठने–बढ़ने का मौका भी देती हैं। न केवल मौक़ा देती हैं यह भी बताती चलती हैं कि कहाँ, कब, क्या और कितना और किसको बोलकर आना है। चेली को आग भरा अदब का दरया केबल कार से पार करवाने का गुप्त करार करेंगी एक दिन हमसे, का भरोसा देके चलती हैं।

ओहो! फिर वही बात। बेगम एक तो आपको लिखने और लिखकर कुछ कर दिखाने की खाज है दूसरे भरी जवानी में आप सीधे साहित्यनाथों के चंगुल में जाने के जोख़िम जानती हैं नहीं। मैडम साहित्यिक पति और श्वसुर लोग के सरमाये में जाने की बजाय कोई ऊँचे रुतबे की साहित्यिक औरत के पैर जा पकड़ो।

अदबी बहुओं के बहुवचन

अजी हमने कोई रिसर्च–विसर्च नहीं किया हुआ। पर फिर भी एक परफॉरमा पेशे नज़र है। अगर आप किसी साहित्यिक सास के सरमाये

का शिकार हुई जाती हैं या अपने अन्दर दुबकी सास की शिनाख़्त करने को मरी जा रही हैं तो ध्यान दें।

जब नयी कलमबाज़ों के हुस्न से कोफ़्त होने लगे और आप कहने लगें कि अपने ज़माने में हसीन तो हम भी थीं पर शबाब का ऐसा ग़लत इस्तेमाल न किया हमने।

जब मन में उठता हो कि मैंने ऐसी कई आती और जाती देखी हैं। शक्ल से उल्लू बनाकर कब तक चलेगी।

जब अपने समय के अपने साहित्यिक आशिक़ों को नयी वाली को तवज्जो देते देख मारे जलन के नींद न आती हो।

जब नयी वाली का लिखा पढ़ते समय लगातार उस चोट्टी का चौखटा भी आँख के आगे जमा रहता हो।

जब जवान लिखनेवाली की सामूहिक साहित्यिक प्रताड़ना के समय मन से यह निकलता हो 'अब आया न मज़ा, देखा मैंने तो पहले ही कहा था।

जब हर बात को 'हमने अपने ज़माने में इतना सहा' की तरफ़ मोड़ने को मन मचलता हो।

जब आपकी छठी बूढ़ी इन्द्रिय नवोढ़ा लेखिका के तीसरों–चौथों से चक्कर को सूँघने के अलावा के मसलों पे आउट ऑफ ऑर्डर रहने लगे।

जब अगलियों के विषय–चयन, विषय–प्रतिपादन में सब ग़लत–सलत लगने लगे और उस लिखे को किसी भाँति भी ख़ारिज करने की भावना का पिनकृमि, फीताकृमि में म्यूटेट हो पेटदर्द मचाने लगे।

जब कालजयी लिखकर ही मरूँगी, उससे पहले नहीं की तमन्ना सिर उठाने लगे।

जब कमेटियों, समितियों, संस्थाओं में चुने जाने की तीव्रेच्छा में ख़ुद के लिखे से पलटी मारने या पाले बदलने से परहेज जाता रहे।

जब नाराज़गी, अपचगी के आलम में चेली के निजी जीवन के क़िस्से आम करने में सैडिस्टिक प्लेज़र आने लगे।

जब मंचीय आलोचना के समय 'मैंने उसके लिए इतना किया/अपनी समझा/आगे रखा/फिर भी उसने मेरा तर्क काटा, पीठ में छुरा घोंपा' वाली दर्दीली झुर्रियाँ तस्वीरों में क़ैद होने लगें।

मैं समझती हूँ कि तब समझ जाओ कि काँटा लगा...

अब जाने भी दो यारो! जैसे स्कूल में हेड गर्ल, मधुमक्खियों में रानी मक्खी और प्रजापति ब्रह्म कुमारीज ईश्वरीय विश्वविद्यालयों में प्रमुख व्यवस्थापिका वैसे ही साहित्य में चचिया–ददिया–ममिया सासें। दीवानखाने के श्वसुरों को अदब जताना उनका काम और चौक–चौबारों पर इबारतें लिख आना हमारा शौक़।

बा–अदब! बा–मुलाहिज़ा! होशियार! साहित्यिक सासें सिधार रही हैं...

मज़बूती, समझदारी,
व्यावहारिकता, बौद्धिकता, विवेकशीलता का
अर्थ अगर मर्द होना है तो मुझे इन सब सीरतों
के नये मायने और नयी नज़ीरें गढ़नी होंगी।

होती होगी अनुकरण में कम निवेश से अधिक
हासिल की गारण्टी पर यह भी तो सच है कि अनुकरण
और मरण की प्रकृति में अन्तर भी बहुत कम है।

व्यंग्य में लिखना मेरा साहित्यिक सविनय अवज्ञा दख़ल है। लिखना भी लोहा लेना है। जड़ता से, मूढ़ता से। दीवारों से, दरारों से। पवित्र किताबों से। वहम वादों–इरादों से। यह लोहा लेना सतत टकराना है। जीतते दिखने में तो जन्म जाते हैं पर दिखायी देने वाली हार रोज़–रोज़ की लगा करती है। इसलिए पीड़ा के भाव से और पीड़ित वाली पॉस्चरिंग से खेलकर न सहानुभूति की दरकार

है न उथले मिनट मेड सरोकारों की। पीड़ित को उसके फ़ना हो जाने के बाद मिलने वाली सम्भावित जीत का झुनझुना दिखाना मैं कम बेहतर समझती हूँ। दर्द अभी है तो दवा भी अभी, वो भी SOS। साहित्य में यह ताक़त व्यंग्य के पास है और फ़िलहाल मुझे खुद भी इसी दवा से आराम बहुत है।

व्यंग्य से उपजा हास मज़लूमों का शक्ति गीत होता है। व्यंग्य शक्तिशाली के अहम् के गुब्बारे को अपनी चुटकी की नोक से फुस्स करता है। व्यंग्य की समवेत हँसी पीड़ाओं को एक धागे में पिरोती है। पीड़ा के कन्धे पर पीड़ा का पिरामिड बनाकर उत्पीड़क के गढ़ में झाँककर उसे नंगा देख लेना है यह। व्यंग्य की लय संक्रामक होती है। बिखरे हुए पीड़ितों को पालाबद्ध करती है। तंज़ की हँसी शक्तिशाली का घेराव होती है। अन्धकार के दोषी के मुँह पर अन्धकार में ही डाली गयी टॉर्च लाइट होती है। मज़लूम विक्टिमहुड से निकल रॉबिनहुडीय एहसास से हल्का–हल्का हुआ जाता है और सितमगर के हिस्से ज़ेहनी दाद ख़ाज खुजली बस...

मेरी राय में, कंकरीटीयता में दुबकी पड़ी हमारी चेतना के लिए व्यंग्य जे सी बी से कम नहीं।

उत्खनन और रीस्टोरेशन जमा नव निर्माण–सो भी अहिंसा सत्य और विनयशीलता के साथ।

अतएव व्यंग्यः परमो धर्म।

लिखेगी तो देखेंगे

मेरे बग़ल में यह जो सीट आपको खाली दिख रही है न उस पर इस समय एक बददिमाग़ मनचली मोहतरमा विराजमान हैं।

नहीं जनाब नहीं इन्हें कम मत समझिये क्योंकि हमबाज़ू बनकर मेरे नाज़ुक नाक में दम करना और मेरे शान्तिप्रिय दिमाग़ में बम फोड़ते रहना इनका प्रिय शगल है। अपने बेवजह के वजूद का नशा जब इनके सर चढ़कर बोलता है तब ये तमाम तरह की बदलगामियों पर उतर आती हैं। जैसे इस वक़्त इनका अहमकाना दावा यह है कि सामने की कुर्सी से चिपके मोहतरम के हाथ में मौजूद मुझ नाचीज़

की खुराफ़ाती किताब मेरे दिमाग़ की नहीं इनकी कारस्तानियों की उपज है। मुझ सी औरत अपने बूते न तो ऐसी आतिशी किताब रच सकती थी न ही ऐसी किताब लेकर इन आला दर्जे के साहित्यिक सूरमा के अखाड़े में अकेले घुसने की हिमाकत ही कर सकती थी। देखो देवी जी! आप मेरे जिस्म के अन्दर बैठी आत्मा की जिल्द हो या मेरे दिमाग में शगूफ़ेबाज़ी करने वाली कोई अदबी इंसाइट या मेरे साथ चिपकी कोई पैरानॉर्मल हरकतें करने वाली साहित्यात्मा। तुम जो भी हो ख़ुदा के वास्ते ख़ामोश रहो कुछ देर और इन समीक्षक रूपी सज्जन के श्रीमुख से निस्रित अनमोल पुष्प अपनी झोली में इकट्ठा कर लेने दो मुझे।

देखिए ये हंगामाखेज़ी करने वाली आपका सिरदर्द नहीं इन्हें मैं ख़ुद सँभाल लूँगी आप तो बस इस वक़्त मेरे सामने बैठे आलोचक श्री से रू–ब–रू होने का करम फरमाएँ। बिल्कुल जैसे मेरी किताब और मेरे बीच की फाँस ये बगल वाली मैडम हैं वैसे ही आपके और मेरी किताब के बीच भी एक अदृश्य प्रेत है। ये प्रेत जनाब वही हैं दुनिया जिनको आलोचक, समालोचक, समीक्षक कहती है। सादा ज़बान में कहें तो ये हैं अदब की मज़ार पर धुँधुआते दिये समान विनम्र प्रजाति। साहित्यिक पंचाट प्रजाति। साहित्य बदल रहा, गिर रहा, उठ रहा, सँभल रहा, बिक रहा, बिक नहीं रहा, लुट रहा, किसके हाथों लुट रहा, गँदला हो रहा, कौन गँदला कर रहा इनके पास पूरे मालुमात मिलेंगे। साहित्यिक स्टॉक एक्सचेंज के बिन बहाली किये के इन सच्चे मुलाज़िम को आप साहित्यिक आलोचक–समीक्षक कहकर अपना जी बहलाना चाहें तो हमको क्या? श श श... सुनिये और सुनवाने दीजिए–

एक समीक्षक की इन्क्वायरी उर्फ़ दुरालोचना का शीघ्रपतन

आप पूछेंगे कि तुम अपने ही पैरों से चलकर आयी हो न

मैं कहूँगी हाँ; पर इसरार से बुलाया तो आपने न था

आप पूछ सकते कि तो मत आतीं

मैं कहूँगी कि अब तो आ गयी

आप कहेंगे कि चाहती क्या हो

मैं कहूँगी कि अपनी रचना की सच्ची आलोचना

आप कहेंगे कि मिले तो बताना

आप कहोगे अफ़साना लिखने की क्या पड़ी थी कविता में हाथ आज़माती

मैं कहूँगी कि यथार्थ की दीवार से सर फोड़ने का मन था, डाली पे फूल खिलाकर उकता गयी थी

आप कहेंगे बिकी हो गालियाँ, तालियाँ दोनों लूटी हैं पर किताब नया तो कुछ भी देती नहीं

मैं पूछूँगी कि क्या देती तो आप मानते कि कुछ दिया

आप कहोगे औरत की आज़ादी का हव्वा बनाया है रास्ता नहीं दिखाया, कोई नया फॉर्मूला नहीं दिया

मैं कहूँगी कि भूल–चूक लेनी देनी। अगली दफा ज़रूर कुछ देने का प्रयास करूँगी अभी तो इसी से काम चलाइये

आप कहेंगे कि बाज़ार को पूजती हो

मैं कहूँगी बाज़ार का मतलब क्या है

आप कहेंगे बाज़ार मतलब आम पाठक की सस्ती माँग

मैं कहूँगी बाज़ार न मिलने के ग़म में ही तो आप ख़ुद भी लेखक से आलोचक की खाल लपेट लिए हुजूर

आप कहेंगे बहुत मसाला मार के लिखी हो

मैं कहूँगी कि सर उबला कौन खायेगा

आप कहेंगे बोल्ड बस लिखने में बनती हो, पर हो डरपुक्कन। फ़ोन करो तो उठाती नहीं

मैं कहूँगी बोल्ड हूँ तभी तो उठाती नहीं

उठा लेती हो तो मुलाक़ात का वक़्त बताती नहीं

मैं कहूँगी आज इस परिचर्चा में आयी तो हूँ

मुझ अदब आमोज़ की नसीहतों को सुनती नहीं

मैं कहूँगी अच्छा सुन लेती हूँ

आप कहेंगे बहुत ठठाकर बलाखेज़ कहीं की! पाठकों पर डोरे डालती हो

मैं कहूँगी कि ये पब्लिक है ये सब जानती है। कहाँ फँसना है कहाँ नहीं

आप कहेंगे फ़ेक नारी फेक लिखती हो। दुखी कहीं से दिखती न हो

मैं कहूँगी लिखने भर से दुख भाग गया

आप कहेंगे अपने अफ़साने में सबका मख़ौल बनाती हो

मैं कहूँगी अदीब की ग्रेयाई दाढ़ी में तिनका

आप कहेंगे पाठक को ग्राहक बनाकर अपने लफ़्जों का चारा डालती हो

मैं कहूँगी कि पर आपकी तरह पाठक को बेज़ुबान, बेस्वाद और मरागिरा तो नहीं समझती न

आप कहोगे पाठक को बिगाड़ने चली हो

मैं कहूँगी पाठक को सुधारने वाले आप कौन

आप कहोगे साहित्य को गँदलाने वाली ओ री! भद्दी मछली!

मैं कहूँगी जाल सूना रहने पे बिलबिलाये हो आप

आप कहोगे जा तुझे श्राप दिया आज से तू अदब के क़स्बे की रण्डी

मैं कहूँगी...

अजी मैं अब और कितना कहूँगी बस बत्तीसी चमकाकर मनमौजी हँसी हँसूँगी। और इस श्राप–कथा पर एक और स्वादिष्ट अफ़साना बना–बनूँ कर अदब के पेशे नज़र करूँगी। आप अपनी अधखिचड़ी दाढ़ी से चुन–चुनकर बाल नोचेंगे और अपने घुटनाटेक शोधार्थी कम साहित्यार्थी को बुलाकर कहेंगे–'इस साली को दरवाज़े से बाहर धकियाए आओ और अबकी रविवारी मैगज़ीन में इसके नंगे अफ़सानों की नंगई जनता के सामने लाओ।'

अरे नहीं जनाब आगे की ये लास्ट लाइन महज दो औरतों के बीच की औरताना गुफ़्तगू है। वरना ऐसा भी कहीं होता है भला। आलोचक है कोई ज़ालिम नहीं। कुछ दिन मुआमला शान्त रहेगा फिर किसी रोज़ अपनी मायके गयी शरीके–हयात की वजह से पैदा हुई उदासी को प्रायश्चित्त में तब्दील करने की कोशिश में फिर से फ़ोन घुमाकर कहेगा कि उस दिन यूँ ही भेजा घूम गया था। तुम्हारी इतनी चर्चित किताब की कीमत ठीक से जान न पाया मैं। तुम्हारी तरह ही सुन्दर है तुम्हारी किताब भी। तुम्हारी नयी वाली फेसबुक फोटो तुम्हारी किताब से भी ज़्यादा हसीन है। समा रंगीन है। आओ न कभी मिलो। मैं इस कलंदरान किताब पर कुछ शदीद–सा लेख लिखने को बेताब हूँ। मैं बेहद बेताब हूँ आओ किसी रोज़ मैं आजकल नौकरी के अलावा सारा वक़्त फ्री ही फ्री हूँ। साहित्य देवता का पी ए हूँ। पिये बिल्कुल नहीं हूँ। तुम्हें बस आना है बदले में समीक्षा पाना है। आओ न...

ओ समीक्षाचक्र की चकरियो मुझे मेरे हाल पे मत छोड़ो, मत छोड़ो।

कुलच्छिनी क़लम

इस समय आपके हाथ में मेरी रचना है, इसे आप किसी आत्महत्या की फोरेंसिक रिपोर्ट की तरह डील करके वहशत जता रहे हैं। नहीं जनाब आपके इतने सीधे–सच्चे–सादा सवालात के इतने बेहूदा जवाबात देने वाली भला मैं कैसे हो सकती हूँ। यह कमाल तो इन बुतेपुरफ़न का है जो मेरे दिलो–ज़ेहन में कुण्डली मारकर पसरी हुईं हैं। जिनके रुआब का असर ऐसा है कि मेरी क़लम तक इनकी ख़ुशसीरती से मुतास्सिर होकर इनके इशारे पर ही चला करती है। मैं लाख पुख़्ता बने–बनाये रस्ते दिखाऊँ पर मेरी क़लम इन मोहतरमा के बताये कंकड़ीले रास्तों का इन्तिख़ाब ही किया करती है। जनाब मेरी अँगुलियाँ कब क्या लिख जायें और ज़ुबान कब क्या बोल जाये इस पर मेरा ज़ोर नहीं। मैं सच कहती हूँ मैंने जब–जब आपके एक्स्ट्रा लार्ज जिगर के अल्ट्रा थिन जज़्बात की क़द्र करनी चाही इन मोहतरमा ने मेरा रास्ता रोका।

ज़नाना रचनाशीलता के आदर्श से मुझे विचलित किया। इसने।

मेरे अफ़साने और आपकी दरियादिल आलोचना के बीच यह बैर फैलाया। इसने।

मेरी किताब और बाज़ार के बीच रलामिली कराई किसने? इसने।

आपकी साहित्यिक सिपहसालारी को चुनौती दी किसने? इसने।

लिखने की खुजली वाली औरत को अकुलीनता से लिखने को उकसाया किसने? इसने।

कवितालू कामनाओं की बगिया उगाने की बजाय गद्यालू पगडण्डियों पर खड़ंजे बिछवाने को उकसाया किसने? इसने।

आप अदब नवाज़ हैं। मुझ लेखिका से अदब की बेअदबी करवाने वाली, मेरे अफ़साने के ज़नाना किरदारों की आत्मा तक में जबरिया घुस जाने वाली, अदब के महान सेवादारों से ज़बानदराज़ी करने को उकसाने वाली, मेरे दिमाग़ में ऊधम मचाकर मुझे औरताना साहित्यिक नज़ाकत से दूर ले जाने वाली मेरी दुश्मन यही है।

मैं पिद्दी।

ये पिद्दी का शोरबा।

मैं जहाँ–जहाँ लिखूँगी ये बला साथ होगी।

बैठूँ कभी न बैक सीट!

शुक्राना

मेरे लिए शुक्रिया एक जज़्बात है रस्म नहीं। पर जब जज़्बात को सरे आम जताना हो तो वह एक रस्म न बन जाये का खटका लगा रहता है। इस खटके के बावजूद इस सफ़र के जाने–अनजाने तमाम हमराहियों का तहेदिल से शुक्रिया अदा करना चाहूँगी।

शुक्रिया मेरे हमराह मेरे हमनफ़स विजेन्द्र का जिनके सान्निध्य में पतनशील होने से लेकर पतनशीलता रचने तक की तमाम मुश्किलात पर हँसने का फ़न पाया। जिन्हें पतनशीलता के सबसे क़रीबी हमसफ़र होने के तमाम ख़तरों–तोहमतों के बीच हमेशा आश्वस्तिदायक मुस्कान बिखेरते पाया।

शुक्रिया मिष्टी और प्रभव का जिनकी मुस्कानें लिखने की वजहों को उकसावा देती रहीं और अपनी लिखनेवाली मम्मा पर उनकी इतराहटें क़लम थामे रखने की लत सलामत रखती रहीं।

शुक्रिया अपराजिता शर्मा का जिन्होंने रेखाओं और रंगों में पतनशीलता उकेरी और शब्दों और रेखाओं की इस ख़ूबसूरत सहयात्रा की दुश्वारियों में साझी हँसी और साझा सुख रचना हो सका। अपराजिता की रेखाएँ जो सहजोल्लास और आत्मोल्लास रच लेती हैं वह अकेले मेरे शब्दों के बस की बात थी ही नहीं। हिन्दी अदब की

दुनिया में ऐसे संक्रामक सृजनशील बहनापे की नज़ीर एक ज़रूरी परिघटना की तरह याद रखी जाये की कामना मेरे भीतर अक्सर जागती है।

शुक्रिया अदिति माहेश्वरी गोयल का जिन्होंने पतनशीलता को हिन्दी अदब का एक चर्चित अध्याय बनाने का जोख़िम उठाया। जिन्होंने हर क़दम पर हर ज़रूरी सलाह और साथ दिया और पतनशील ख़ुशगप्पियों में दोस्त बनकर शामिल रहीं।

शुक्रिया कुश, पल्लवी, यूनुस, शुभ्रा, कल्पना, विनीत, पूजा, गौरव, मिहिर, सुमन जैसे तमाम पतनशील दोस्तों का जिनके सामने रोने और हँसने में कोई परदेदारी कभी रही नहीं। जिनसे जमकर बहसते, उलझते भी बहुत याराना लगता रहा। जिन्होंने पतनशीलता को दुनिया के सबसे सुन्दर आयाम की तरह सराहने की साझी कुव्वत को अंजाम दिया।

शुक्रिया दुनिया के जाने–अनजाने पुरुषों का जिनकी तरलता दुनिया की कुरूपता को सँवारने का हौसला देती है।

शुक्रिया दुनिया की तमाम मेहनतकश, विचारशील औरतों का जिनके श्रम से दुनिया आकारित होती है।

शुक्रिया स्त्री–पुरुष मैत्री की उस मद्धम लौ का जिसके परवानेपन में बहकर मेरी–आपकी पतनशीलता काग़ज पर यूँ उतर आयी है।

अपराजिता शर्मा

पेशे से प्राध्यापक और फ़ितरत से रेखाकार अपराजिता शर्मा हिन्दी स्फ़ीयर का एक जाना–माना नाम हैं। हिन्दी के पहले चैट स्टिकर ऐप 'हिमोजी' की रचना के लिए ख़ासी चर्चित हैं। 'पतनशील पत्नियों के नोट्स' में किये गये उनके फ़न इलस्ट्रेशंस और हिन्दी के पहले बुक कैलेंडर की रचना के लिए जानी जाती हैं। 'ऑफ़िशियली पतनशील' उनकी फ़न इलस्ट्रेशंस का ताज़ा प्रयोग है।